O ANTICRÍTICO

AUGUSTO DE CAMPOS

O ANTICRÍTICO

Copyright © 1986 by Augusto de Campos

Grafia atualizada segundo o Acordo Ortográfico da Língua Portuguesa de 1990, que entrou em vigor no Brasil em 2009.

Capa
Augusto de Campos e Silvia Regina Massaro

Revisão
Jane Pessoa e Marina Nogueira

Dados Internacionais de Catalogação na Publicação (CIP)
(Câmara Brasileira do Livro, SP, Brasil)

Campos, Augusto de
O anticrítico / Augusto de Campos. — 2ª ed. — São Paulo : Companhia das Letras, 2020.

ISBN 978-85-359-3291-1

1. Poesia brasileira I. Título.

19-30388   CDD-B869.1

Índice para catálogo sistemático:
1. Poesia : Literatura brasileira B869.1

Cibele Maria Dias — Bibliotecária — CRB-8/9427

[2020]
Todos os direitos desta edição reservados à
EDITORA SCHWARCZ S.A.
Rua Bandeira Paulista, 702, cj. 32
04532-002 — São Paulo — SP
Telefone: (11) 3707-3500
www.companhiadasletras.com.br
www.blogdacompanhia.com.br
facebook.com/companhiadasletras
instagram.com/companhiadasletras
twitter.com/cialetras

*vous me parlez de la critique dans votre dernière
lettre, en me disant qu'elle disparaîtra
prochainement.   je crois, au contraire, qu'elle est
tout au plus à son aurore.   on a pris le
contrepied de la précédente, mais rien de plus.
du temps de* la harpe, *on était grammairien;
du temps de* sainte-beuve *et de* taine, *on est
historien.   quand sera-t-on artiste, rien qu'artiste,
mais bien artiste?*

FLAUBERT

você me fala da crítica em sua última carta,
dizendo-me que ela desaparecerá proximamente.
creio, ao contrário, que ela está apenas no seu
começo.   o que se fez, foi torná-la o avesso
da precedente, e nada mais.   nos tempos de
la harpe, éramos gramáticos; nos tempos
de *sainte-beuve* e de *taine,* somos historiadores.
quando é que seremos artistas, nada mais que
artistas, mas realmente artistas?

conversation between intelligent men

POUND

conversa entre homens inteligentes

ventilated prose

BUCKMINSTER FULLER

prosa porosa

SUMÁRIO

antes do anti 9
a joão cabral: agrestes 11
dante: um corpo que cai 13
    dal canto I (inferno) 20
    do canto I (inferno) 21
    canto V (inferno) 26
    canto V (inferno) 27
john donne: o dom e a danação 37
    the extasy 44
    o êxtase 45
    a valediction: forbidding mourning 50
    em despedida: proibindo o pranto 51
    elegy: going to bed 54
    elegia: indo para o leito 55
    the relic 58
    a relíquia 59
    twicknam garden 62
    jardim de twicknam 63
    the triple fool 64
    o triplo louco 65
    witchcraft by a picture 66
    magia pela imagem 67
    the message 68
    a mensagem 69
    the flea 70
    a pulga 71
donne em dobro 73
    the expiration 78
    a expiração 79
    the apparition 82
    a aparição 83
arte-final para gregório 85
a língua do pó, a linguagem do poeta 95
    e. fitzgerald: from the rubá'iyát of omar khayyám 102
    e. fitzgerald: do *rubaiyat de omar khayyam* 103
emily: o difícil anonimato 105
    we lose – because we win 112
    um perde – o outro ganha 113
    if recollecting were forgetting 112
    se recordar fosse esquecer 113
    success is counted sweetest 112
    o sucesso é mais doce 113
    i held a jewel in my fingers 114
    tive uma joia nos meus dedos 115

i felt a funeral, in my brain	114
senti um féretro em meu cérebro	115
i'm nobody! who are you?	116
não sou ninguém. quem é você?	117
me from myself – to banish	116
banir a mim – de mim	117
banish air from air	118
corta o ar do ar	119
these tested our horizon	118
esses testaram nosso céu	119
death is a dialogue between	118
a morte é um diálogo entre	119
lewis carroll: homenagem ao nonsense	121
tail-poem	130
poema-cauda	131
message to the fish	132
recado aos peixes	133
song of the mock-turtle	136
canção da falsa tartaruga	137
jabberwocky	138
jaguadarte	139
doublets	140
reverlaine	141
art poétique	146
arte poética	147
stefânio maranhão mallarmé sobrinho	151
interlunar	155
le tombeau d'edgar poe	156
a tumba de edgar poe	157
américa latina: contra-boom da poesia	159
fragment d'altazor (huidobro)	164
fragmento de *altaçor*	165
el puro no (girondo)	168
o puro não	169
plexilio (girondo)	170
plexílio	171
gertrude é uma gertrude	173
from four saints in three acts	186
de *quatro santos em três atos*	187
from listen to me	188
de *escute aqui*	189
duchamp: o lance de dadá	191
cage: chance: change	211
from lecture on nothing	228
de *conferência sobre nada*	229
Nota informativa	231
Obras do autor	233
Créditos das ilustrações	237

ANTES DO ANTI

Quando publiquei o mais antigo dos textos que integram este volume – "Lewis Carroll: Homenagem ao nonsense" –, em 1971, e depois, quando foram saindo os outros, esparsamente, em jornais, revistas e livros, muitos pensaram que se tratasse de poesia. O que eu pretendia, no entanto, era apenas uma prosa ventilada – "ventilated prose", na expressão de Buckminster Fuller, que pusera em prática algo de semelhante no seu pequeno tratado sobre a industrialização intitulado *Untitled Epic Poem on the History of Industrialization*.

Cansado do critiquês, a linguagem inevitavelmente pesada e pedante das teses sem tesão e das dissertações dessoradas em que se convertera, em grande parte, a discussão da poesia entre nós, pensei em Flaubert ("Quando é que seremos artistas, nada mais que artistas, mas realmente artistas?") e em Pound ("conversa entre homens inteligentes") e me disse, com esperança: por que não recortar as minhas incursões de poeta-crítico em prosa porosa?

Se, apesar das minhas intenções, a poesia vazou e contaminou essa pretensa prosa, foi por deformação de amador, que ainda prefiro à deformação profissional produzida na pedregosa linguagem da crítica pela imposição e pela impostura da seriedade. "A gravidade, misteriosa atitude do corpo para ocultar os defeitos da mente", como escreveu Sterne, lembrado por Pound, no pórtico do seu nada ortodoxo *ABC of Reading*.

Depois dessa crise de critiquês, tenho – é verdade – reincidido, eu próprio (como agora), na linguagem da tribo. Suponho, porém, que algo da ventilação da experiência terá penetrado nos meus escritos "críticos"... *A serpente e o pensar* tem que ver com isso.

Aqui reúno vários dos textos redigidos com esse espírito. Outros podem ser encontrados, a modo de guerrilha, em livros tão diferentes como *Balanço da bossa e outras bossas* ("Como é Torquato", "João Webern") ou *Pagu: Vida-obra* ("Eh Pagu Eh", "Pagu: Tabu e Totem"), ou ainda perdidos nalgum jornal ou revista de literatura, como é o caso de "Corbière, poeta antipoético", publicado no *Suplemento Literário de Minas Gerais* nº 383, de 29-12-73, ou de "Arnaut: Provença e proeza", na *Revista de Letras* da Faculdade de Filosofia, Ciências e Letras de Assis, nº 16, 1974. Fica o registro para algum eventual interessado.

Uma palavra, antes do "anti", sobre a crítica. Não sou – nem poderia ser – contra a crítica inteligente, a iluminadora. A de um Jakobson ou a de um Benjamin, a de um Kenner ou a de um Barthes, para citar só alguns dos críticos-críticos que admiro, e para nem falar de artistas-críticos como Pound ou Valéry, Maiakóvski ou Pessoa, Borges ou Cage, cujas reflexões sobre arte e sobre poesia constituem para mim fonte permanente de estímulo e inspiração.

O que abomino são os críticos que praticam aquilo que já chamei de "dialética da maledicência". Os que não iluminam nem se deixam iluminar. Os desconfiados e os ressentidos com a sua própria incompetência cósmica para entender ou criar qualquer coisa de novo. Aqueles a que Pound se referia como a "vermina pestilente": os que desviam a atenção dos melhores para os de 2ª categoria ou para os seus próprios escritos críticos.

Contra esses eu sou. E é a eles que este meu livro – crítica de amor e de amador, crítica via tradução criativa – dirige a seta do seu "anti". Mas a minha meta é outra. A minha meta é a poesia, que – de Dante a Cage – é cor, é som, é fracasso de sucesso, e não passa de uma conferência sobre nada.

AUGUSTO DE CAMPOS
1986

a joão cabral   *agrestes*

uma	fala	tão	faca
fratura	tão	ex	posta
tão	ácida	tão	aço
osso	tão	osso	só
que eu	procuro	e não	acho
o ad	verso	do que	faço
o	concreto	é o	outro
e	não	encontro	nem
palavras	para	o	abraço
senão	as	do	aprendiz
o	menos	ante o	sem
que	só aqui	contra	diz
nunca	houve	u m	leitor
contra	mais	a	favor

*dante:
um
corpo
que
cai*

DANTE: UM CORPO QUE CAI

e
caí
como
corpo
morto
cai

e
caddi
come
corpo
morto
cade

outros
verteram essa linha
invertendo
a posição do verbo:
"e tombei, como tomba corpo morto"
(xavier pinheiro)
"e tombei como tomba um corpo morto"
(dante milano)
"e caí, como cai um corpo morto"
(cristiano martins)

o desejo
de chegar mais perto
da precisão especular do orginal
caddi
corpo
morto
cade
me levou a traduzir o canto V do *inferno*
de trás para diante
a partir do último verso

"a melhor crítica
de um poema
é um poema"
(cage)

o que mais se perde
nas traduções funcionárias
"extensivas
não intensivas"
(como diz o haroldo)
de dante:
a concretude das imagens
a diretidade da linguagem

na *commedia*
os versos se acomodam
docemente
aos números do metro
e às leis da *terza rima*
e vão construindo palmo a palmo
uma catedral perfeita
sem andaimes à vista

dante conversa
desde o início
sem inversões canhestras:
nel mezzo del cammin di nostra vita
ou simplesmente
"no meio do caminho desta vida"
e nunca aquele
"da nossa vida, em meio da jornada"

por certo
a constrição da métrica e da rima
impõe alguns deslocamentos
no próprio original
mas o critério prevalente
é o da diretidade
da linguagem

verter
não
inverter

uma das normas
básicas
da tradução

io venni in luogo d'ogni luce muto
em versões antidante
ora a mudez da luz desaparece
"era um lugar de toda luz privado"

"lugar completamente escurecido"
ora é mantida
"em lugar de luz mudo tenho entrado"
à custa de penosas inversões

o vento não se cala
"nesta pausa que o vento agora faz"
mentre che il vento come fa si tace
"enquanto o vento mais sutil se faz"

o sol não emudece
"de volta aonde o sol nunca ilumina"
dove il sol tace

a
imagem
age

io venni in luogo
vim a um lugar
d'ogni luce
que a toda luz é
muto
mudo

mentre che il vento
enquanto o vento
come fa
para nós
si tace
é mudo

arnaut

o
sol
chove

dante

o
sol
cala

DANTE ALIGHIERI (1265-1321)

INFERNO

Dal CANTO I

*Nel mezzo del cammin di nostra vita
mi ritrovai per una selva oscura,
ché la diritta via era smarrita.*

*Ah quanto a dir qual era è cosa dura,
questa selva selvaggia e aspra e forte
che nel pensier rinnova la paura!*

*Tanto è amara che poco è più morte;
ma, per trattar del ben ch'io vi trovai,
dirò dell'altre cose ch'io v'ho scorte.*

*Io non so ben ridir com'io v'entrai,
tanto era pieno di sonno in quel punto
che la verace via abbandonai.*

*Ma poi ch'io fui al piè d'un colle giunto
là ove terminava quella valle
che mi avea di paura il cor compunto,*

*guardai in alto, e vidi le sue spalle
vestite già dei raggi del pianeta
che mena dritto altrui per ogni calle.*

*Allor fu la paura un poco queta,
che nel lago del cor m'era durata
la notte ch'io passai con tanta pièta;*

INFERNO

Do CANTO I

No meio do caminho desta vida
me vi perdido numa selva escura,
solitário, sem sol e sem saída.

Ah, como armar no ar uma figura
desta selva selvagem, dura, forte,
que, só de eu a pensar, me desfigura?

É quase tão amargo como a morte;
mas para expor o bem que eu encontrei,
outros dados darei da minha sorte.

Não me recordo ao certo como entrei,
tomado de uma sonolência estranha,
quando a vera vereda abandonei.

Sei que cheguei ao pé de uma montanha,
lá onde aquele vale se extinguia,
que me deixara em solidão tamanha,

e vi que o ombro do monte aparecia
vestido já dos raios do planeta
que a toda gente pela estrada guia.

Então a angústia se calou, secreta,
lá no lago do peito onde imergira
a noite que tomou minha alma inquieta;

*e como quei che, con lena affannata
uscito fuor del pèlago alla riva,
si volge all'acqua perigliosa e guata,*

*così l'animo mio, che ancor fuggiva,
si volse indietro a rimirar lo passo
che non lasciò giammai persona viva.*

*Poi ch'èi posato un poco il corpo lasso,
ripresi via per la piaggia diserta,
sì che il piè fermo sempre era il più basso;*

*ed ecco, quasi al cominciar dell'erta,
una lonza leggiera e presta molto
che di pél maculato era coperta,*

*e non mi si partìa dinanzi al volto,
anzi impediva tanto il mio cammino
ch'io fui per ritornar più volte vòlto.*

*Tempo era dal principio del mattino,
e il Sol montava in sù con quelle stelle
ch'eran con lui quando l'Amor divino*

*mosse da prima quelle cose belle;
sì che a bene sperar m'era cagione
di quella fiera alla gaietta pelle*

*l'ora del tempo e la dolce stagione;
ma non sì che paura non mi désse
la vista che mi apparve d'un leone.*

*Queto parea che contro me venesse
con la testa alta e con rabbiosa fame,
sì che parea che l'aer ne temesse.*

*Ed una lupa, che di tutte brame
sembrava carca nella sua magrezza
e molte genti fe' già viver grame,*

e como o náufrago, depois que aspira
o ar, abraçado à areia, redivivo,
vira-se ao mar e longamente mira,

o meu ânimo, ainda fugitivo,
voltou a contemplar aquele espaço
que nunca ultrapassou um homem vivo.

Depois que descansei o corpo lasso,
recomecei pelo plaino deserto,
pé firme embaixo, mas incerto o passo;

e quando o fim da estrada estava perto,
um leopardo ligeiro, de repente,
que de pele manchada era coberto,

surgiu e se postou na minha frente,
e com tal vulto encheu o meu caminho
que só "voltar" volteava em minha mente.

Era a hora do tempo matutino.
Subia o Sol seguido das estrelas
que o acompanhavam quando o Amor divino

moveu primeiro aquelas coisas belas.
Já não temia tanto a aparição
daquela fera de gaiata pele

à hora clara e à suave estação.
Mas o temor de novo me conquista
à imagem imprevista de um leão

que parecia vir na minha pista
com alta fronte e fome escancarada
como se o ar tremesse à sua vista.

E uma Loba magra, macerada
de todas as espécies de avidez,
que levou muita gente à derrocada,

questa mi porse tanto di gravezza
con la paura che uscia di sua vista,
ch'io perdei la speranza dell'altezza.

E quale è quei che volontieri acquista,
e giunge il tempo che perder lo face,
che in tutti i suoi pensier piange e s'attrista,

tal mi fece la bestia senza pace,
che, venendomi incontro, a poco a poco
mi ripingeva là dove il Sol tace.

fez-me sentir o peso de meus pés,
e fiquei, preso ao pó do meu pavor,
sem esperança de sair do rés.

Tal como a gente rica perde a cor
quando sente a fortuna abandoná-la,
que só sabe chorar a sua dor,

assim a fera me deixou sem fala,
e, vindo ao meu encalço, a Loba atroz
me encurralava lá, onde o Sol cala.

CANTO V

*Così discesi del cerchio primaio
giù nel secondo, che men loco cinghia
e tanto più dolor che punge a guaio.*

*Stavvi Minòs orribilmente e ringhia;
esamina le colpe nell'entrata
giudica e manda secondo che avvinghia.*

*Dico che quando l'anima mal nata
gli vien dinanzi tutta si confessa,
e quel conoscitor delle peccata*

*vede qual luogo d'Inferno è da essa;
cingesi con la coda tante volte
quantunque gradi vuol che giù sia messa.*

*Sempre dinanzi a lui ne stanno molte;
vanno a vicenda ciascuna al giudizio;
dicono e odono e poi son giù volte.*

*"O tu che vieni al doloroso ospizio",
disse Minòs a me quando mi vide
lasciando l'atto di cotanto offizio,*

*"guarda com'entri e di cui tu ti fide;
non t'inganni l'ampiezza dell'entrare!"
E il duca mio a lui: "Perché pur gride?*

*Non impedir lo suo fatale andare;
vuolsi così colà dove si puote
ciò che si vuole, e più non dimandare".*

CANTO V

Assim desci do círculo primeiro
para o segundo, que já menos cinge
mas tem mais dor, que punge o ser inteiro.

Minos domina e horrivelmente ringe,
pesa a culpa de cada um na entrada,
julga e envia segundo a cauda atinge.

Digo que, quando a alma indigitada
posta-se à sua frente e se confessa,
esse fiscal da falta praticada

vê que lugar do Inferno dar a essa;
a cauda em suas voltas vai marcando
quantos graus entender que ela mereça.

Diante dele se ajunta todo um bando;
cada qual vai seguindo a sua via;
dizem, ouvem e cumprem o comando.

"Ó tu que vens à triste moradia",
disse Minos a mim, ao ver-me, enquanto
parava de contar e advertia:

"olha como entras e onde expões teu manto,
não te engane a largueza do lugar!"
E o guia a ele: "Por que gritas tanto?

Não há como impedir seu caminhar:
assim o quer quem pode, ele somente,
o que quiser; é inútil contestar".

*Ora incomincian le dolenti note
a farmisi sentire; or son venuto
là dove molto pianto mi percuote.*

*Io venni in luogo d'ogni luce muto,
che mugghia come fa mar per tempesta
se da contrarii venti è combattuto.*

*La bufera infernal che mai non resta
mena gli spirti con la sua rapina,
voltando e percotendo li molesta.*

*Quando giungon davanti alla ruina,
quivi la strida, il compianto, il lamento;
bestemmian quivi la virtù divina.*

*Intesi che a così fatto tormento
ènno dannati i peccator carnali
che la ragion sommettono al talento.*

*E come gli stornèi ne portan l'ali
nel freddo tempo, a schiera larga e piena,
così quel fiato gli spiriti mali:*

*di qua di là di giù di sù li mena;
nulla speranza li conforta mai,
non che di posa, ma di minor pena.*

*E come i gru van cantando lor lai
facendo in aer di sé lunga riga,
così vidi venir, traendo guai,*

*ombre portate dalla detta briga;
per ch'io dissi: "Maestro, chi son quelle
genti che l'aura nera sì castiga?".*

*"La prima di color di cui novelle
tu vuoi saper", mi disse quegli allotta,
"fu imperatrice di molte favelle.*

E já começa o lamentar dolente
a se fazer ouvir; eis-me, contudo,
andando em meio ao pranto dessa gente.

Vim a um lugar que a toda luz é mudo,
que muge como o mar sob a tormenta
quando o vento ao revés revolve tudo.

O tufão infernal nunca se assenta;
arrasta as almas com sua rapina
e girando e ferindo as atormenta.

Quando chegam defronte da ruína
aumenta o coro de lamentação;
blasfemam contra a perfeição divina.

Os que sofrem a pena todos são
pecadores da carne – assim o entendo –
que ao desejo submetem a razão.

Como estorninhos que se vão, batendo,
em longo bando, as asas a voar,
assim eu vi as almas se movendo

pra cá, pra lá, acima e baixo, no ar,
sem esperança de poder jamais
amenizar a pena ou repousar.

E como os grous soltando tristes ais
em larga fila ao vento que os fustiga,
assim foram chegando mais e mais

sombras movidas pela mesma briga;
e então falei: "Mestre, quem são aquelas
almas que o ar negro sem cessar castiga?".

"A primeira que eu vejo dentre elas
sobressair", disse o guia da jornada,
"foi rainha de muitas línguas belas.

A vizio di lussuria fu sì rotta,
che libito fe' licito in sua legge
per tôrre il biasmo in che era condotta.

Ell'è Semiramìs, di cui si legge
che succedette a Nino e fu sua sposa;
tenne la terra che il Soldàn corregge.

L'altra è colei che s'ancise amorosa
e ruppe fede al cener di Sichèo;
poi è Clëopatràs lussurïosa.

Elena vedi, per cui tanto reo
tempo si volse, e vedi il grande Achille
che con Amore al fine combatteo.

Vedi Paris, Tristano"; e più di mille
ombre mostrommi, e nominommi, a dito,
che amor di nostra vita dipartille.

Poscia ch'io ebbi il mio dottore udito
nomar le donne antiche e i cavalieri,
pietà mi giunse e fui quasi smarrito.

Io cominciai: "Poeta, volontieri
parlerei a quei due che insieme vanno
e paion sì al vento esser leggieri".

Ed egli a me: "Vedrai quando saranno
più presso a noi, e tu allor li prega
per quell'amor che i mena, ed ei verranno".

Sì tosto come il vento a noi li piega
mossi la voce: "O anime affannate,
venite a noi parlar, s'altri nol niega!".

Quali colombe dal disìo chiamate,
con l'ali aperte e ferme al dolce nido
vengon per l'aer dal voler portate,

Ao vício da luxúria tão votada
que a libido fez lei e liberou
para se ver de freios libertada.

Ela é Semíramis, que assassinou
o rei Nino e reinou como sua esposa
nas terras que o Sultão depois tomou.

A outra se matou, por amorosa,
quebrando o voto às cinzas de Siqueu;
Cleópatra vem logo, luxuriosa.

Olha Helena, que a tantos envolveu
em guerra, e o grande Aquiles a passar,
que o Amor, por fim, um dia combateu.

Vê Páris, vê Tristão"; mais de um milhar
de sombras me mostrou de uma enfiada
que à nossa vida Amor fez renunciar.

Depois que o guia nominou a cada
antiga dama e nobre cavalheiro,
tive pena da gente condenada.

Comecei: "Ó Poeta, meu luzeiro,
eu falaria àqueles dois que vão
pelo ar escuro com andar ligeiro".

E ele: "Quando estiverem perto, então,
suplica-lhes que ouçam teu recado
pelo amor que os conduz, e ele virão".

Tão logo o ar os levou para o meu lado,
movi a voz: "Ó almas a sofrer,
vinde falar-nos, se não for vedado!".

Como as pombas que o instinto faz volver
com a asa aberta ao ninho prometido,
movidas pelo vento do querer,

31

cotali uscîr della schiera ov'è Dido,
a noi venendo per l'aer maligno,
sì forte fu l'affettüoso grido.

"O animal grazïoso e benigno,
che visitando vai per l'aer perso
noi che tingemmo il mondo di sanguïgno,

se fosse amico il re dell'universo
noi pregheremmo lui per la tua pace,
poi ch'hai pietà del nostro mal perverso.

Di quel che udire e che parlar vi piace
noi udiremo e parleremo a vui,
mentre che il vento, come fa, si tace.

Siede la terra dove nata fui
su la marina dove il Po discende
per aver pace coi seguaci sui.

Amor, che al cor gentil ratto s'apprende,
prese costui della bella persona
che mi fu tolta, e il modo ancor m'offende.

Amor, che a nullo amato amar perdona,
mi prese del costui piacer sì forte
che, come vedi, ancor non m'abbandona.

Amor condusse noi ad una morte.
Caìna attende chi vita ci spense."
Queste parole da lor ci fûr pórte.

Quand'io intesi quell'anime offense,
chinai il viso e tanto il tenni basso
fin che il poeta mi disse: "Che pense?".

Quando risposi, cominciai: "Oh lasso,
quanti dolci pensier, quanto disìo
menò costoro al doloroso passo!".

elas saíram da fila de Dido
a nós mirando pelo ar maligno,
tão forte e afetuoso o meu pedido.

"Ó animal gracioso, ó ser benigno,
que visitando vais pelo ar adverso
os que na terra deixam sangue e signo,

se nos ouvisse o dono do universo,
à tua alma iríamos louvá-la,
porque te dóis do nosso mal perverso.

Mas se te apraz ouvir a nossa fala,
falar e ouvir virão as nossas dores,
enquanto o vento para nós se cala.

Eu nasci num lugar nos arredores
dessa marinha de onde o Pó descende
para pacificar seus seguidores.

Amor que ao coração gentil apreende
prendeu a mim o da bela pessoa
que enfim perdi, e o modo ainda me ofende.

Amor, que a amado algum amar perdoa,
me fez nele sentir prazer tão forte
que, como vês, ainda me afeiçoa.

Amor nos conduziu à nossa morte.
Caína aguarda ao que ceifou as vidas."
Assim falou, contando a sua sorte.

Quando escutei as almas ofendidas,
baixei o rosto com tamanho intento
que o poeta indagou: "Do que duvidas?".

Em resposta, exclamei: "Ah, que tormento,
quanto doce pensar, quanta ansiedade
para induzir ao doloroso evento!".

Poi mi rivolsi a loro, e parlai io,
e cominciai: "Francesca, i tuoi martiri
a lagrimar mi fanno triste e pio.

Ma dimmi: al tempo dei dolci sospiri,
a che e come concedette Amore
che conosceste i dubbiosi desiri?".

E quella a me: "Nessun maggior dolore
che ricordarsi del tempo felice
nella miseria, e ciò sa il tuo dottore.

Ma se a conoscer la prima radice
del nostro amor tu hai cotanto affetto,
farò come colui che piange e dice.

Noi leggevamo un giorno per diletto
di Lancilotto, come amor lo strinse;
soli eravamo e senza alcun sospetto.

Per più fiate gli occhi ci sospinse
quella lettura e scolorocci il viso,
ma solo un punto fu quel che ci vinse.

Quando leggemmo il disïato riso
esser baciato da cotanto amante,
questi, che mai da me non fia diviso,

la bocca mi baciò tutto tremante.
Galeotto fu il libro e chi lo scrisse.
Quel giorno più non vi leggemmo avante".

Mentre che l'uno spirto questo disse,
l'altro piangeva sì che di pietade
io venni men, così com'io morisse;

e caddi come corpo morto cade.

Depois voltei-me a ela e com bondade
lhe disse então: "Francesca, os teus martírios
fazem chorar meus olhos de piedade,

mas diz-me: ao tempo dos doces suspiros,
por que e como concedeu Amor
que conhecesses os seus vãos delírios?".

E ela responde: "Não há maior dor
que recordar-se do tempo feliz
na tristeza, e isso sabe o teu mentor.

Mas se queres saber qual a raiz
desse amor que nos fez tão desgraçados,
farei como esse que, chorando, diz.

Nós líamos um dia sossegados
como a Sir Lancelote o amor venceu;
estávamos a sós e descuidados.

Por vezes a leitura surpreendia
o olhar no olhar, o rosto embranquecido,
mas foi um ponto só o que nos perdeu.

Quando lemos que o riso apetecido
fora beijado pelo amante ardente,
esse que nunca mais de mim divido

a boca me beijou, todo tremente.
Galeotto foi o livro e o autor, enfim.
Nesse dia não lemos novamente".

Enquanto uma alma discorria assim,
a outra chorava tanto que, num ai,
senti como um morrer dentro de mim:

e caí como corpo morto cai.

*john donne:
o
dom
e a
danação*

JOHN DONNE: O DOM E A DANAÇÃO

é. john donne (1572-1631) não teve
um 4º centenário como o de shakespeare,
john donne, primo pobre de shkspr,
como sá de miranda, primo
pobre de camões,
melhor que camões.

mirabilis miranda, "poeta
até o umbigo
os baixos
prosa":

não vejo o rosto a ninguém
cuidais que são e não são
homens que não vão nem vêm
parece que avante vão
entre o doente e o são
mente a cada hora a espia
na meta do meio-dia
andais entre o lobo e o cão

contra a "tradição de tagarelas"
(perto disso
até camões é palavroso)
sá(de miranda)carneiro:

comigo me desavim
fui posto em todo perigo
não posso viver comigo
não posso fugir de mim

(perdi-me dentro de mim
porque eu era labirinto
e agora quando me sinto
é com saudades de mim)

*que meio espero ou que fim
do vão trabalho que sigo
pois que trago a mim comigo
tamanho imigo de mim?*

imigo, sim, i-migo
(imago)
inimigo de mim, anti-migo,
imigo, onde a paronomásia com comigo
reetimologiza a palavra
"pronome em lugar do nome"
imigo, o inimigo em mim

assim john donne, primo pobre
de jacquespère, melhor do que
ele, poeta por poeta,
embora shkspr seja maior,
se é q me entendem

john donne
"antes muerto que mudado"

SCIENS, NESCIS
disse vieira
(tinha 25 anos quando o deão donne
morreu)
no "sermão do mandato" (1645)
SCIENS JESUS
TU NESCIS
"só cristo amou finamente
porque amou sabendo:
SCIENS

só os homens foram finamente amados
porque foram amados ignorando:
NESCIS;
unindo-se porém
e trocando-se de tal sorte
o SCIENS com o NESCIS
e o NESCIS com o SCIENS
que estando a ignorância
da parte dos homens
e a ciência
da parte de cristo,
cristo amou, sabendo,
como se amara, ignorando;
e os homens foram amados,
ignorando,
como se fossem amados sabendo.
vá agora o amor
distorcendo estes fios
e espero que todos vejam
a fineza deles."

SCIENS
(mas ninguém viu o anagrama)
NESCIS

eles são cegos aos significantes
só veem significados

donne, undone

pois é: donne, ele sabia
das coisas.
que outro foi capaz
de fazer um poema diáfano tão sólido
como *o êxtase*
maravilhosa fusão de concreto e abstrato?

nossas mãos duramente cimentadas
    no firme bálsamo que delas vem,
nossas vistas trançadas e tecendo
    os olhos em um duplo filamento

ou como *em despedida: proibindo o pranto*
que (diria joão cabral)
"a atenção lenta desenrola":

assim serás para mim que pareço
    como a outra perna obliquamente andar.
tua firmeza faz-me, circular,
    encontrar meu final em meu começo.

ou como a corajosa *elegia: indo para o leito*,
striptease metafísico, q o pun
d'onor da época vetou na 1ª edição:
a coberta de um homem te é bastante

donne arriscou-se
à "danação provinciana"
para ensinar que a poesia
é sempre o contrário
do que dizem as regras que ela é

"a verdadeira regra — disse marino —
é saber romper as regras"

(eu sei q já disse isso antes
mas o estou dizendo outra vez
e isto é poesia)

vejam
em *a relíquia*
a surpreendente montagem túmulo-mulher
e a pedra de toque
de um dos seus versos condenados
("jaw-breaking" — quebra-queixo — diziam):
"a bracelet of bright hair about the bone"

que encantou eliot
e desespera os tradutores

o "amor-aranha" do *jardim de twicknam*:
"make me a mandrake", faz-me
"mandrágora de mágoa"
metáforas de formas
(*make* está dentro de *mandrake*
como *mágoa* dentro de *mandrágora*)

ou a arte de criar poesia
"by pictures *made* and *mard* (marred)"
em *magia pela imagem*:
"a wicked skill"?

a racional loucura
do *triplo louco*
imaginação com números
"inspired mathematics"

ou provença "made in london"
na mensagem-*chanso*:
"devolve os pobres olhos que eu perdi"
poesia poética
mas com pontas
harpa e farpa

como poetizar o impoetizável?

p. e
x
.

a
pu
lg
a

ele o fez
donne fecit
it's done

JOHN DONNE (1572-1631)

THE EXTASY

Where, like a pillow on a bed,
    A Pregnant bank swelled up, to rest
The violet's reclining head,
    Sat we two, one anothers best.

Our hands were firmely cemented
    With a fast balm, which thence did spring,
Our eye-beams twisted, and did thread
    Our eyes, upon one double string;

So to'intergraft our hands, as yet
    Was all the means to make us one,
And pictures in our eyes to get
    Was all our propagation.

As 'twixt equal Armies, Fate
    Suspends uncertain victory,
Our souls, (which to advance their state,
    Were gone out,) hung 'twixt her, and me.

And whil'st our souls negotiate there,
    We like sepulchral statues lay;
All day, the same our postures were,
    And we said nothing, all the day.

If any, so by love refin'd,
    That he souls language understood,
And by good love were grown all mind,
    Within convenient distance stood,

O ÊXTASE

Onde, qual almofada sobre o leito,
    Grávida areia inchou para apoiar
A inclinada cabeça da violeta,
    Nós nos sentamos, olhar contra olhar.

Nossas mãos duramente cimentadas
    No firme bálsamo que delas vem.
Nossas vistas trançadas e tecendo
    Os olhos em um duplo filamento;

Enxertar mão em mão é até agora
    Nossa única forma de atadura
E modelar nos olhos as figuras
    A nossa única propagação.

Como entre dois Exércitos iguais,
    Na incerteza, o Acaso se suspende,
Nossas almas (dos corpos apartadas
    Por antecipação) entre ambos pendem.

E enquanto alma com alma negocia,
    Estátuas sepulcrais ali quedamos
Todo o dia na mesma posição,
    Sem mínima palavra, todo o dia.

Se alguém – pelo amor tão refinado
    Que entendesse das almas a linguagem,
E por virtude desse amor tornado
    Só pensamento – a elas se chegasse,

He (though he knew not which soul spake,
 Because both meant, both spake the same)
Might thence a new concoction take,
 And part far purer than he came.

This Extasy doth unperplex
 (We said) and tell us what we love,
We see by this, it was not sex,
 We see, we saw not what did move:

But as all several souls contain
 Mixture of things, they know not what,
Love, these mixed souls, doth mix again,
 And makes both one, each this and that.

A single violet transplant,
 The strength, the colour, and the size,
(All which before was poor, and scant,)
 Redoubles still, and multiplies.

When love, with one another so
 Interinanimates two souls,
That abler soul, which thence doth flow,
 Defects of loneliness controls.

We then, who are this new soul, know,
 Of what we are composed, and made,
For, th'Atomies of which we grow,
 Are souls, whom no change can invade.

But O alas, so long, so far
 Our bodies why do we forbear?
They are ours, though they are not we, We are
 The intelligences, they the sphere.

We owe them thanks, because they thus,
 Did us, to us, at first convey,
Yielded their forces, sense, to us,
 Nor are dross to us, but allay.

Pudera (sem saber que alma falava,
    Pois ambas eram uma só palavra)
Nova sublimação tomar do instante
    E retornar mais puro do que antes.

Nosso Êxtase – dizemos – nos dá nexo
    E nos mostra do amor o objetivo,
Vemos agora que não foi o sexo,
    Vemos que não soubemos o motivo,

Mas que assim como as almas são misturas
    Ignoradas, o amor reamalgama
A misturada alma de quem ama,
    Compondo duas numa e uma em duas.

Transplanta a violeta solitária:
    A força, a cor, a forma, tudo o que era
Até aqui degenerado e raro
    Ora se multiplica e regenera.

Pois quando o amor assim uma na outra
    Interinanimou duas almas,
A alma melhor que dessas duas brota
    À magra solidão derrota.

E nós, que somos essa alma jovem,
    Nossa composição já conhecemos
Por isto: os Átomos de que nascemos
    São almas que não mais se movem.

Mas que distância e distração as nossas!
    Aos corpos não convém fazermos guerra:
Não sendo nós, são nossos, Nós as
    Inteligências, eles a esfera.

Ao contrário, devemos ser-lhes gratas
    Por nos (a nós) haverem atraído,
Emprestando-nos forças e sentidos:
    Escória, não, mas liga que nos ata.

On man heaven's influence works not so,
  But that if first imprints the air,
So soul into the soul may flow,
  Though it to body first repair.

As our blood labours to beget
  Spirits, as like souls as it can,
Because such fingers need to knit
  That subtle knot, which makes us man:

So must pure lovers souls descend
  T'affections, and to faculties,
Which sense may reach and apprehend,
  Else a great Prince in prison lies.

To'our bodies turn we then, that so
  Weak men on love revealed may look;
Loves mysteries in souls do grow,
  But yet the body is his book.

And if some lover, such as we,
  Have heard this dialogue of one,
Let him still mark us, he shall see
  Small change, when we'are to bodies gone.

A influência dos céus em nós atua
    Só depois de se ter impresso no ar.
Também é lei de amor que alma não flua
    Em alma sem os corpos transpassar.

Como o sangue trabalha para dar
    Espíritos, que às almas são conformes,
Pois tais dedos carecem de apertar
    Esse invisível nó que nos faz homens,

Assim as almas dos amantes devem
    Descer às afeições e às faculdades
Que os sentidos atingem e percebem,
    Ou um Príncipe jaz aprisionado.

Aos corpos, finalmente, retornemos,
    Descortinando o amor a toda a gente;
Os mistérios do amor, a alma os sente,
    Porém o corpo é as páginas que lemos.

Se alguém – amante como nós – tiver
    Esse diálogo a um ouvido a ambos,
Que observe ainda e não verá qualquer
    Mudança quando aos corpos nos mudamos.

A VALEDICTION: FORBIDDING MOURNING

As virtuous men pass mildly away,
    And whisper to their souls, to go,
Whilst some of their sad friends do say,
    The breath goes now, and some say, No:

So let us melt, and make no noise,
    No tear-floods, nor sight-tempests move,
'Twere profanation of our joys
    To tell the laity our love.

Moving of th'earth brings harms and fears,
    Men reckon what it did and meant,
But trepidation of the spheres,
    Though greater far, is innocent.

Dull sublunary lovers' love
    (Whose soul is sense) cannot admit
Absence, because it doth remove
    Those things which elemented it.

But we by a love, so much refined
    That our selves know not what it is,
Inter-assured of the mind,
    Care less, eyes, lips, and hands to miss.

Our two souls therefore, which are one,
    Though I must go, endure not yet
A breach, but an expansion,
    Like gold to aery thinness beat.

EM DESPEDIDA: PROIBINDO O PRANTO

Como esses santos homens que se apagam,
    Sussurrando aos espíritos: "Que vão...",
Enquanto alguns dos amigos amargos
    Dizem: "Respira ainda". E outros: "Não". —

Nos dissolvamos sem fazer ruído,
    Sem tempestades de ais, sem rios de pranto,
Fora profanação nossa ao ouvido
    Dos leigos descerrar todo este encanto.

O terremoto traz terror e morte
    E o que ele faz expõe a toda a gente,
Mas a trepidação do firmamento,
    Embora ainda maior, é inocente.

O amor desses amantes sublunares
    (Cuja alma é só sentidos) não resiste
À ausência, que transforma em singulares
    Os elementos em que ele consiste.

Mas a nós (por uma afeição tão alta,
    Que nem sabemos do que seja feita,
Interassegurado o pensamento)
    Mãos, olhos, lábios não nos fazem falta.

As duas almas, que são uma só,
    Embora eu deva ir, não sofrerão
Um rompimento, mas uma expansão,
    Como ouro reduzido a aéreo pó.

If they be two, they are two so
    As stiff twin compasses are two,
Thy soul the fixed foot, makes no show
    To move, but doth, if th'other do.

And though it in the center sit,
    Yet when the other far doth rome,
It leans, and hearkens after it,
    And grows erect, as that comes home.

Such wilt thou be to me, who must
    Like th'other foot, obliquely run;
Thy firmness makes my circle just,
    And makes me end, where I begun.

Se são duas, o são similarmente
    Às duas duras pernas do compasso:
Tua alma é a perna fixa, em aparente
    Inércia, mas se move a cada passo

Da outra, e se no centro quieta jaz,
    Quando se distancia aquela, essa
Se inclina atentamente e vai-lhe atrás,
    E se endireita quando ela regressa.

Assim serás para mim que pareço
    Como a outra perna obliquamente andar.
Tua firmeza faz-me, circular,
    Encontrar meu final em meu começo.

ELEGY: GOING TO BED

Come, Madam, come, all rest my powers defy,
Until I labour, I in labour lie.
The foe oft-times having the foe in sight,
Is tired with standing though they never fight.
Off with that girdle, like heaven's zone glistering,
But a far fairer world encompassing.
Unpin that spangled breastplate which you wear
That th'eyes of busy fools may be stopped there.
Unlace yourself, for that harmonious chime,
Tells me from you, that now 'tis your bed time.
Off with that happy busk, whom I envy,
That still can be, and still can stand so nigh.
Your gowns going off, such beauteous state reveals,
As when from flowery meads th'hills shadow steals.
Off with you wiry coronet and show
The hairy diadem which on you doth grow:
Off with those shoes, and then safely tread
In this love's hallowed temple, this soft bed.
In such white robes, heaven's Angels used to be
Receaved by men; Thou Angel bringst with the
A heaven like Mahomet's Paradise; and though
Ill spirits walk in white, we easily know,
By this these Angels form an evil sprite,
They set our hairs, but these the flesh upright.
      License my roving hands, and let them go,
Behind, before, above, between, below.
O my America! my new-found-land,
My kingdom, safeliest when with one man manned,
My Mine of precious stones, My Empery,
How blessed am I in this discovering thee!

ELEGIA: INDO PARA O LEITO

Vem, Dama, vem, que eu desafio a paz;
Até que eu lute, em luta o corpo jaz.
Como o inimigo diante do inimigo,
Canso-me de esperar se nunca brigo.
Solta esse cinto sideral que vela,
Céu cintilante, uma área ainda mais bela.
Desata esse corpete constelado,
Feito para deter o olhar ousado.
Entrega-te ao torpor que se derrama
De ti a mim, dizendo: hora da cama.
Tira o espartilho, quero descoberto
O que ele guarda, quieto, tão de perto.
O corpo que de tuas saias sai
É um campo em flor quando a sombra se esvai.
Arranca essa grinalda armada e deixa
Que cresça o diadema da madeixa.
Tira os sapatos e entra sem receio
Nesse templo de amor que é o nosso leito.
Os anjos mostram-se num branco véu
Aos homens. Tu, meu Anjo, és como o Céu
De Maomé. E se no branco têm contigo
Semelhança os espíritos, distingo:
O que o meu Anjo branco põe não é
O cabelo mas sim a carne em pé.
    Deixa que a minha mão errante adentre
Atrás, na frente, em cima, embaixo, entre.
Minha América! Minha terra à vista,
Reino de paz, se um homem só a conquista,
Minha Mina preciosa, meu Império,
Feliz de quem penetre o teu mistério!

To enter into these bonds, is to be free;
Then where my hand is set, my seal shall be.
   Full nakedness! All joys are due to thee,
As souls unbodied, bodies unclothed must be,
To taste whole joys. Gems which you women use
Are as Atlanta's balls, cast in men's views,
That when a fool's eye lighteth on a gem,
His earthly soul may covet theirs, not them.
Like pictures, or like books' gay coverings made
For lay-men, are all women thus arrayed;
Themselves are mystic books, which onely we
(Whom their imputed grace will dignify)
Must see reveal'd. Then since that I may know;
As liberally, as to a midwife, show
Thy self: cast all, yea, this white linen hence,
Here is no penance, much less innocence.
   To teach thee, I am naked first: why then
Why needst thou have more covering than a man.

Liberto-me ficando teu escravo;
Onde cai minha mão, meu selo gravo.
    Nudez total! Todo o prazer provém
De um corpo (como a alma sem corpo) sem
Vestes. As joias que a mulher ostenta
São como as bolas de ouro de Atalanta:
O olho do tolo que uma gema inflama
Ilude-se com ela e perde a dama.
Como encadernação vistosa, feita
Para iletrados, a mulher se enfeita;
Mas ela é um livro místico e somente
A alguns (a que tal graça se consente)
É dado lê-la. Eu sou um que sabe;
Como se diante da parteira, abre-
Te: atira, sim, o linho branco fora,
Nem penitência nem decência agora.
    Para ensinar-te eu me desnudo antes:
A coberta de um homem te é bastante.

THE RELIC

When my grave is broke up again
Some second guest to entertaine,
(For graves have learn'd that woman-head
To be to more than one a Bed)
    And he that digs it, spies
A bracelet of bright hair about the bone,
    Will he not let'us alone,
And think that there a loving couple lies,
Who thought that this device might be some way
To make their souls, at the last busy day,
Meet at this grave, and make a little stay?

If this fall in a time, or land,
Where mis-devotion doth command,
Then, he that digs us up, will bring
Us, to the Bishop, and the King,
    To make us Reliques; then
Thou shalt be a Mary Magdalen, and I
    A something else thereby;
All women shall adore us, and some men;
And since at such times, miracles are sought,
I would that age were by this paper taught
What miracles we harmless lovers wrought.

First, we loved well and faithfully,
Yet knew not what we loved, nor why,
Difference of sex no more we knew,
Than our Guardian Angels do;
    Coming and going, we
Perchance might kiss, but not between those meals;

A RELÍQUIA

Quando um segundo hóspede vier
    A este meu tálamo comum
(Pois isto os túmulos têm da mulher:
    Ser leito para mais de um),
    E virem, ao abrir o fosso,
Que um bracelete de cabelos luz
    Em torno do osso,
    Nos deixarão, talvez, em paz,
Pensando: esse adorável par que aí jaz
Achou que as duas almas poderia
Juntar aqui no derradeiro dia?

Se isto acontecer em tempo ou terra
    Onde a superstição for lei,
Esse que o nosso túmulo descerra
    Nos levará ao Bispo e ao Rei
    Como Relíquias do lugar.
Serás a Madalena dessa gente
    E eu, um santo parente.
As mulheres virão nos adorar,
E como nos compete praticar
Milagres, vou dizer em poucas frases
De que milagres nós fomos capazes.

Primeiro amamos com paixão intensa
    Sem sabermos por que
E sem vermos no sexo diferença
    Mais do que um anjo vê.
Ao chegar e partir um beijo apenas
E nada entre tais práticas amenas.

Our hands ne'er touched the seals,
Which nature, injured by late law, sets free:
These miracles we did; but now alas,
All measure, and all language, I should pass,
Should I tell what a miracle she was.

Nem nossas mãos tocaram nunca os selos
      Que abrem outros apelos.
Esses milagres viu a nossa era,
Mas nem fala nem fábula pudera
Contar-lhes o milagre que Ela era.

TWICKNAM GARDEN

Blasted with sighs, and surrounded with tears,
    Hither I come to seek the spring,
    And at mine eyes, and at mine ears,
Receive such balms, as else cure every thing;
    But O, self traitor, I do bring
The spider love, which transubstantiates all,
    And can convert Manna to gall,
And that this place may thoroughly be thought
True Paradise, I have the serpent brought.

'Twere wholesomer for me, that winter did
    Benight the glory of this place,
    And that a grave frost did forbid
These trees to laugh, and mock me to my face;
    But that I may not this disgrace
Endure, nor leave this garden, Love let me
    Some senseless piece of this place be;
Make me a mandrake; so I may grow here,
Or a stone fountain weeping out my year.

Hither with crystal vials, lovers come,
    And take my tears, which are loves wine,
    And try your mistress Tears at home,
For all are false, that taste not just like mine;
    Alas, hearts do not in eyes shine,
Nor can you more judge woman's thoughts by tears,
    Then by her shadow, what she wears.
O perverse sex, where none is true but she,
Who's therefore true, because her truth kills me.

JARDIM DE TWICKNAM

Lago de pranto, vale de gemidos,
Procuro a primavera para abrigo
    Dos meus olhos e ouvidos
E bálsamo dos males que maldigo.
Mas, traidor de mim, trago comigo
O amor-aranha que transubstancia
    Em bílis a ambrosia,
E para que este páramo aparente
Um paraíso, eu vim com a serpente.

Fora melhor que o inverno resfriasse
    O sol deste lugar
E a geada viesse congelar
As árvores a rir em minha face,
Mas para que eu consiga suportar
A dor, sem desamar, Amor, consente
Que eu me transforme em coisa que não sente,
    Mandrágora de mágoa
Ou fonte de sofrer, lágrimas de água.

Venham, então, amantes, recolher
    Meu pranto, fel de amor,
E testar outros prantos para ver
Que mentem, pois não têm este sabor.
O coração não brilha em cada olhar,
As lágrimas não dizem da mulher
    Mais que a sombra a passar.
Ah, sexo falso, mente feminina,
Salvo a mulher veraz que me assassina.

THE TRIPLE FOOL

I am two fools, I know,
For loving, and for saying so
In whining poëtry;
But where's that wiseman, that would not be I,
If she would not deny?
Then as th'earth's inward narrow crooked lanes
Do purge sea waters fretful salt away,
I thought, if I could draw my pains,
Through rimes vexation, I should them allay,
Grief brought to numbers cannot be so fierce,
For, he tames it, that fetters it in verse.

But when I have done so,
Some man, his art and voice to show,
Doth set and sing my pain,
And by delighting many, frees again
Grief, which verse did restrain.
To love, and grief tribute of verse belongs,
But not of such as pleases when 'tis read,
Both are increased by such songs:
For both their triumphs so are published,
And I, which was two fools, do so grow three;
Who are a little wise, the best fools be.

O TRIPLO LOUCO

     Sou dois loucos, confesso,
     Por amar e, possesso,
     Confessá-lo em meu verso.
Mas quem não quereria estar em mim
     Se ela dissesse sim?
Como os sulcos que o mar na areia grava
Purgam do sal amargo a sua água,
Julguei que, ao espremer a minha mágoa
Nas comportas do verso, a afogava.
É menos dor, domada pela rima,
A dor que pelos números se exprima.

     Mas alguém, logo após,
     Para exibir a voz
     Com arte e com destreza,
Vai libertar de novo essa tristeza
     No anel dos versos presa.
Amor e dor em verso são prezados,
Mas não quando se escutam com prazer.
     Ambos crescem ao ver
Seus triunfos, assim, patenteados,
E eu, que fui dois loucos de uma vez,
Três vezes vivo a minha insensatez.

WITCHCRAFT BY A PICTURE

I fix mine eye on thine, and there
  Pity my picture burning in thine eye,
My picture drowned in a transparent tear,
  When I look lower I espy;
    Hadst thou the wicked skill
By pictures made and marred, to kill,
How many ways mightst thou perform thy will?

But now I have drunk thy sweet salt tears,
  And though thou pour more I'll depart;
My picture vanished, vanish fears,
  That I can be endamaged by that art;
    Though thou retain of me
One picture more, yet that will be,
Being in thine own heart, from all malice free.

MAGIA PELA IMAGEM

Fixo meu olho no teu olho e flagro uma
Sombra de mim queimando no teu olho.
Meu retrato afogado numa lágrima
    Logo abaixo recolho.
Se entendesses de imagens e magias,
Com minha imagem nas pupilas frias,
De quantos modos tu me matarias?

Tuas lágrimas sorvo, doce humor,
E ainda que outras caiam, vou deixar-te;
Meu retrato se esvai, vai-se o temor
De ser enfeitiçado por tal arte;
    Só reténs, afinal,
Minha imagem num único local:
Teu coração, livre de todo o mal.

THE MESSAGE

Send home my long strayed eyes to me,
Which (Oh) too long have dwelt on the,
Yet since there they'have learn'd such ill,
  Such forc'd fashions,
  And false passions,
   That they be
   Made by thee
Fit for no good sight, keep them still.

Send home my harmless heart again,
Which no unworthy thought could stain,
Which if it be taught by thine
  To make jestings
  Of protestings,
   And cross both
   Word and oath,
Keep it, for then 'tis none of mine.

Yet send me back my heart and eyes,
That I may know, and see thy lies,
And may laugh and joy, when thou
  Art in anguish
  And dost languish
   For some one
   That will none,
Or prove as false as thou art now.

A MENSAGEM

Devolve os pobres olhos que eu perdi
E que te habitam, desde que te vi.
Mas se eles já sofreram tal castigo
    E tantos danos,
    Tantos enganos,
      Tal rigor,
      Que a dor
Os fez inúteis, guarda-os contigo.

Devolve o coração que te foi dado
Sem jamais cometer qualquer pecado.
Porém, se ele contigo já aprendeu
    Como se mata
    E se maltrata
      E se tortura
      Uma alma pura,
Guarda, também, esse ex-pedaço meu.

Melhor, devolve olhos e coração,
Para que eu possa ver a traição,
E possa rir, quando chegar a hora
    De te ver
    Padecer
      Por alguém
      Que tem
Um coração como o que tens agora.

THE FLEA

Mark but this flea, and mark in this,
How little that which thou deny'st me is;
   Me it suck'd first, and now sucks thee,
And in this flea, our two bloods mingled be;
   Confess it, this cannot be said
A sin, or shame, or loss of maidenhead,
   Yet this enjoys before it woe,
And pamper'd swells with one blood made of two,
And this, alas, is more than we would do.

   Oh stay, three lives in one flea spare,
Where we almost, nay more then married are:
   This flea is you and I, and this
Our marriage bed, and marriage temple is;
   Though parents grudge, and you, we'are met,
And cloisterd in these living walls of Jet.
   Though use make thee apt to kill me,
Let not to this, self murder added be,
And sacrilege, three sins in killing three.

   Cruel and sudden, hast thou since
Purpled thy nail, in blood of innocence?
   In what could this flea guilty be,
Except in that drop which it sucked from the?
   Yet thou triumph'st, and say'st that thou
Find'st not thy self, nor me the weaker now;
   'Tis true, then learn how false, fears be;
Just so much honor, when thou yield'st to me,
Will waste, as this flea's death took life from thee.

A PULGA

Repara nesta pulga e apreende bem
Quão pouco é o que me negas com desdém.
Ela sugou-me a mim e a ti depois,
Mesclando assim o sangue de nós dois.
E é certo que ninguém a isto alude
Como pecado ou perda de virtude.
      Mas ela goza sem ter cortejado
      E incha de um sangue em dois revigorado:
      É mais do que teríamos logrado.

Poupa três vidas nesta que é capaz
De nos fazer casados, quase ou mais.
A pulga somos nós e este é o teu
Leito de núpcias. Ela nos prendeu,
Queiras ou não, e os outros contra nós,
Nos muros vivos deste Breu a sós.
      E embora possas dar-me fim, não dês:
      É suicídio e sacrilégio, três
      Pecados em três mortes de uma vez.

Mas tinges de vermelho, indiferente,
A tua unha em sangue de inocente.
Que falta cometeu a pulga incauta
Salvo a mínima gota que te falta?
E te alegras e dizes que não sentes
Nem a ti nem a mim menos potentes.
      Então, tua cautela é desmedida.
      Tanta honra hei de tomar, se concedida,
      Quanto a morte da pulga à tua vida.

DONNE EM DOBRO

1

sempre pensei em donne
como um grande poeta conceptista
capaz de expandir até o máximo
a proposição metafórica
num jogo complicado
de prismas conceituais.
poeta da logopeia
acima de tudo.
só recentemente
o acaso
me fez olhar com olhos novos
o poema *the expiration*
e ver aí um donne mais secreto
e propício às incitações semióticas
da criptologopeia

o acaso foi um disco
de música elisabetana —
"an evening of elizabethan verse
and its music",
com o new york pro musica antiqua,
cada canção precedida da leitura do texto
por w.h. auden,
incluindo "a expiração"

em nível semântico
o poema desenvolve a imagem-título

tomada no duplo sentido
de "respirar" e de "morrer"
e transposta ao sentimento
da separação amorosa:
o amante convida a amada
a expirar no ar o beijo final
(através da expiração
as duas almas-fantasmas deixarão os corpos)
e se propõe matar o seu amor
com uma simples palavra: "vai!" (*go!*)
estopim da separação e da morte

pede, por fim, que essa palavra
ressoe nele próprio
o que significará
morrer duas vezes (*being double dead*)
por "ir" e "mandar ir"
(*going and bidding go*)

essa equação conceitual
encontra eco e ícone
nas camadas fônicas e gráficas do poema
por um artifício específico:
a reduplicação
q pode aqui ocorrer com morfemas
(*so, so / go; go*)
com fonemas próximos em pares aliterativos
(*last lamenting / sucks two souls*
turn thou / turn this
leave to love / word work)
ou mesmo com grafemas repetidos
(*we owe*)
e com toda uma cadeia
de fonemas e grafemas redobrados
especialmente em torno de
b / d / g

não falo das naturais reduplicações
ortográficas (como *mee*
na grafia antiga)
embora até mesmo estas
pareçam contaminar-se
de virtualidades icônicas
depois do *feed back* provocado pela última linha –
aquela onde incide a mais densa carga
de reduplicações especulares.
aqui vai ela numa transcrição gráfica
que visa a acentuar os agentes iconopaicos:

being double dead, going and bidding, go.

a dupla morte está gravada e grafada nesta linha
em *bb* e *dd* e *gg*
(em minha transcrição começo com minúscula
e uso tipos em que o *b* e o *d* são formas-espelho
para obter o máximo de rendimento icônico)

das palavras começadas por consoantes
(q são todas menos uma)
duas se iniciam por *b*
duas por *d*
e duas por *g*.
dentre as começadas por *d* e *g*
duas (*dead* e *going*)
começam e terminam pela mesma consoante.
e as duas últimas palavras (bidding, go)
se ligam pela consoante *g*.
a linha toda é percorrida
por uma série de espelhamentos
entre *b* e *d*
(na área fônica
devem-se computar ainda
as sucessões de sons nasais
(be*ing* / go*ing* / a*n*d / bidd*ing*)

é por assim dizer
com esses íons e elétrons
intravocabulares
que donne cria a corrente magnética
de microssons e microimagens
do verso final
forma pregnante
que realimenta todo o poema

dou mais adiante o texto integral
com a tradução
(im)possível.
não há possibilidade
de chegar aos mesmos índices
de densidade fônica e gráfica do original
dadas as diferenças de estrutura linguística
e à vista do estoque limitado
de alternativas em português
dentro da área semântica
proposta pelo poeta.
mas toda uma cadeia
intrarreverberante
de *m-t t-m*
que percorre a segunda estrofe
tenta compensar
as perdas da última linha

valerá a pena
radioscopar assim um poema
mostrar os elétrons pulsando sob o laser?
um poema não é o seu espectro
e nele há sempre algo
que nenhuma análise
(por mais capaz)
consegue captar.
mas como experienciar
a fundo a criação de um poema

sem desvendar o véu da sua oculta
urdidura subjacente?
ali se escondem quem sabe os signos-matrizes
do estranho magnetismo que nos arrasta
no momento mágico
a morrer duplamente
e reviver um instante-luz
como um deus
como um donne

THE EXPIRATION

So, so, leave off this last lamenting kiss,
    which sucks two souls, and vapours both away,
turn thou ghost that way, and let me turn this,
    and let our selves benight our happy day;
we ask'd none leave to love; nor will we owe
    any, so cheap a death, as saying, Go;

go; and if that word have not quite killed thee,
    ease me with death, by bidding me go too.
Oh, if it have, let my word work on me,
    and a just office on a murderer do.
Except it be too late, to kill me so,
    being double dead, going, and bidding, go.

A EXPIRAÇÃO

Susta ao beijo final a fome de beijar
    que as duas almas suga e a ambas evapora,
e, fantasmas do amor, fantasiados de ar,
    façamos nós a noite em nosso dia agora;
amar não custou nada, nada vai custar
    a morte que eu te dou, dizendo: – Vai embora!

– Vai! Se este som mortal não te matar por fim,
    dá-me tal morte então, mandando-me partir.
Ai! Se matar, que som igual ressoe em mim
    e ao matador que eu fui também o mate assim,
se não matar demais, por me fazer sentir
    dobrada morte e dor, indo e mandando ir.

2

da *expiração* à *aparição*
sob outra ótica
reaparece o donne logopaico
na "persona" do amante recusado
que reage à obstinação da virgo invicta
com um jorro de humor negro
fantasmagórico e vampiresco:
ei-lo
em *the apparition*
"o poema mais vingativo
mais desabusado que ele escreveu"
(léon-gabriel gros)
esquadrinhando os dramas/traumas de amor
de "microscópio nas pupilas"
(lorca sobre góngora)
transubstanciando as palavras
e convertendo a estilística barroca
de curiosa
em furiosa matemática poética

aqui o tema do amor negado ou sonegado
é mais uma vez refletido
na dupla morte:
a amada "assassina"
será por sua vez assassinada
pelo fantasma do amante
todo o poema estremece
sob o gume homicida
da maldição-vingança
com aquele "páthos" corrosivo da paixão
que "makes men mad" –
shakespeare ou gesualdo

donne ou lupicínio:
a tua vela então vai vacilar
("você há de rolar como as pedras...")

esses lances de intercurso
entre o erudito e o popular
perturbam certos espíritos elitistas
tanto quanto ofendem os papagaios populistas
mas foi sem esforço
que introduzi na tradução de *the apparition*
coisas coloquiais
(o coloquial é uma característica de donne)
que me vieram à cabeça
via música popular
and thee, feigned vestal,
falsa vestal
in worse arms shall see
"nos braços de um outro qualquer" (lupicínio)
ou em *the expiration*
aquela exclamação
"vai embora!" (pausa) "vai!"
(solução para um impossível *go! go!*)
eco da que caetano usa em *da maior importância*
(lp "qualquer coisa")
uma canção que tem qualquer coisa
a ver com o tema

pra mim a linha nesses momentos
"breaks into song"
(como queria pound)
pra quem quiser cantar
nesses dois modos de rever
o irreverente reverendo
john donne
deão de são paulo
recirculando
em são paulo

THE APPARITION

When by thy scorn, O murderess, I am dead,
And that thou thinkst thee free
From all solicitation from me,
Then shall my ghost come to thy bed,
And thee, feigned vestal, in worse armes shall see;
Then thy sick taper will begin to wink,
And he, whose thou art then, being tired before,
Will, if thou stir, or pinch to wake him, think
    Thou call'st for more,
And in false sleep will from thee shrink,
And then poor Aspen wretch, neglected thou
Bath'd in a cold quicksilver sweat wilt lie
    A verier ghost than I;
What I will say, I will not tell thee now,
Lest that preserve thee; and since my love is spent,
I had rather thou shouldst painfully repent,
Than by my threatnings rest still innocent.

A APARIÇÃO

Quando, assassina, o teu desdém tiver
Feito de mim um morto contrafeito,
    E te julgares livre, enfim,
    Dos meus assédios e de mim,
Meu fantasma virá ter ao teu leito,
Onde serás, falsa vestal, uma mulher
Qualquer nos braços de um outro qualquer.
A tua vela, então, vai vacilar;
Se cutucares o pobre comparsa
Ao lado, ele por certo há de pensar,
Ouvindo os teus suspiros e os teus ais,
    Que queres mais,
E fingirá dormir, mísera farsa.
Trêmula e só, entregue à tua sorte,
Gelada até os ossos, vais penar,
    Mais morta do que a morte.
O que eu direi não quero antecipar
Para não minorar a tua dor.
E como o amor que eu sinto também passa,
Prefiro te ver morta de terror
A viva e casta após esta ameaça.

*arte-
-final
para
gregório*

melopeia

PÉS DE **PUAS** COM **TOPES** DE SE **DA**

CABELOS DE **CABRA** COM **PÓS** DE MARFIM

fanopeia

PÉS DE PUAS COM TOPES DE SEDA

CABELOS DE CABRA COM PÓS DE MARFIM

logopeia

PÉS E PUAS DE RISO MOTIVO

CABELOS E TOPES MOTIVO DE RIR

ARTE-FINAL PARA GREGÓRIO

em 1971 parti para os states
para dar dois cursos universitários
um sobre o barroco
começando com gregório de matos
outro sobre poesia moderna brasileira
terminando com caetano
na minha bagagem iam os 7 esplêndidos volumes
das obras completas editadas por james amado
e os 2 das edições cultura
e a fita com a gravação de *triste bahia*
q caetano fizera uma semana antes
no programa de tv com joão gilberto
com ela iniciei a minha primeira aula
de caetano a gregório

das minhas aulas ficaram só as anotações
q encheriam um caderno
como renunciei ao desprazer de fazer crítica
pensei comigo
se algum dia eu publicar alguma coisa
sobre gregório
vão ser as próprias anotações
e aí vão algumas delas
neste meu doce estilo novo

salvo raras exceções
(james amado affonso ávila)
a obra de gregório tem sido estudada e classificada
ou a partir do nível semântico ostensivo

a poesia sacra
a poesia lírica
a poesia graciosa ou joco-séria
a poesia satírica
(esta última geralmente
relegada à cozinha
longe das antessalas
onde estão pendurados
os sonetos piedosos)
ou a partir do nível estilístico do barroco
o gregório culteranista dos sonetos gongorinos
o gregório conceptista
sonetos com paralelismos e antíteses
petrarca — camões — sá de miranda
o todo sem a parte não é todo
a parte sem o todo nao é parte
(antimetábole e outros bichos)

a estas duas categorias deveria ser acrescentada
uma terceira
sincrética e sintética
a mais importante
o gregório barroco-popular
(quevedo + letrillas de góngora + viola + bahia)

"era o doutor gregório de matos consumado solfista
e modulando as melhores letras daquele tempo
em que a solfa portuguesa
avantajava a todas as de europa
tangia graciosamente"
james amado teve uma incrível intuição
quando aproximou gregório de caetano
trazendo para o primeiro plano
o poeta popular
que fabricou a própria viola
de cabaça

"fazia apreço particular de uma viola
que por suas curiosas mãos fizera de cabaço
e nunca sem ela foi visto nas funções
a que seus amigos o convidavam"
viola meu bem viola
"por esta viola
que havia deixado na madre de deus
fazia extremos tais
receando que sem ela o embarcassem"
atesta o licenciado manuel pereira rabelo
*vou-me embora pro sertão
ô vi-ó-la*

até hoje rio sozinho
quando penso q os letrados
são obrigados a engolir esse osso
a presença "impura" de caetano
no pórtico das obras do poeta erudito
enquanto eles ficam discutindo
o q é e o q não é de gregório
nós vamos ler e viver
"a poesia da época chamada gregório de matos"
como bem disse james

em contacto com a dura realidade social brasileira
de uma bahia amoravelmente infra-humana
gregório parte para uma linguagem
realista e plebeia
q desmonta o metaforismo nobre e convencional
(pele = neve / dentes = pérolas)
a q ele mesmo se submetia

é a "musa crioula":

*vós sois mulata tão mula
que a mais fanada mulata
é negra engastada em prata
e vós sois mulata fula*

é a "musa praguejadora":

cansado de vos pregar
cultíssimas profecias
quero das culteranias
hoje o hábito enforcar:
de que serve arrebentar,
por quem de mim não tem mágoa?
verdades direi como água,
porque todos entendais,
os ladinos e os boçais,
a musa praguejadora.
entendeis-me agora?

este gregório é básico

mas uma outra abordagem poderia ser tentada
com ênfase no nível sintático
relações entre significantes
sobre o pano de fundo semântico
já conhecido e explorado

a classificação de pound fornece uma chave
para a identificação do espectro sonoro e colorístico
da poética de gregório:
FANOPEIA
MELOPEIA
LOGOPEIA

vai-se ver e gregório aparece
como o primeiro poeta brasileiro
dotado de um amplo domínio da linguagem
ele é verbivocovisual
fanomelogopaico
ou o primeiro antropófago experimental
da nossa poesia

um exemplo concreto?
da sátira a marinícolas
a estrofe

pés de puas com topes de seda
cabelos de cabra com pós de marfim
pés e puas de riso motivo
cabelos e topes motivo de rir

embora a versão editada por james
seja a única completa e não expurgada
prefiro nessa quadra o texto da academia
mais claro e harmonioso
em james está *pugas* em vez de *puas*
em em vez de *com* na 2ª linha
rir o em vez de *riso* na 3ª
e *motivos* em vez de *motivo* na 4ª

MELOPEIA:

as duas primeiras linhas são riquíssimas
dois pares aliterativos privilegiados
pés de puas
cabelos de cabra
em torno deles
toda uma constelação sônica
de fonemas oclusivos
bilabiais   P(surdo) = PÉS/PUAS/toPES/PÓS
            B(sonoro) = caBElos/caBRA
linguodentais T(surdo) = TOpes
               D(sonoro) = DE/DE seDA/DE/DE
velar   C(surdo) = COM/CAbelos/CAbra/COM

orquestração cacofônica
ruidista
os pares aliterativos contrastam
com a maior fluidez da restante sonoridade

das linhas
que os suaviza
em perfeita harmonia com o significado
melodia de timbres

FANOPEIA:

pés de puas + topes de seda
cabelos de cabra + pós de marfim
duas metáforas (pés = puas/ cabelos = cabra)
engastadas num processo metonímico
caricatura do marinícolas (figura ambígua
desde o nome
descrito em outra quadra
como um "ninfo gentil")
através de grotescas aproximações
de partes do todo
montagem
pés / puas / laços de seda
cabelos / cabra / pós de marfim

mas mais do q metáforas
a metáfora comum (mesmo a pura)
une significado a significado
imagem a imagem
dentes = pérolas
mas a metáfora pode se juntar à paronomásia
rosa riso d'amor
diz marino
rosa = riso
associação de formas + associação de imagens
superpondo no eixo paradigmático
significante a significante (paronomásia)
e
significado a significado (metáfora)
e fazendo-os incidir

com redobrada força
sobre o eixo sintagmático

é o q acontece
na quadra de marinícolas
metáforas paronomásticas
q se inter-reforçam
explosões verbivocovisuais
minando a linearidade do discurso

LOGOPEIA:

desenvolvida sob muitas formas
ao longo de todo esse longo poema
q lembra o tom do *hino ao crítico*
e outros hinos de maiakóvski
é aqui representada pelo comentário
da 3ª e 4ª linhas da estrofe
q recolhem os principais substantivos
da 1ª e 2ª linhas
e argumentam com eles conceitualmente
fechando o texto

gregório de matos
guerra
era um artista completo
poeta dos 5 sentidos
como disse lorca de góngora
com mais aquele 6º sentido
q a bahia dá

a orquestração gráfica anexa
quer dizer isso mesmo
melhor do q eu disse
sem dizer nada

a língua do pó, a linguagem do poeta

homage to edward fitzgerald

                                                                S

                                                    E

                                        I

                            L   I   F   E

        F

A LÍNGUA DO PÓ, A LINGUAGEM DO POETA

do *rubaiyat* de omar/fitzgerald
este rubi rubai
que solidariza significantes e significados
através de uma cadeia anagramática
privilegiada:

of threats of hell and hopes of paradise!
one thing at least is certain — this life flies;
one thing is certain and the rest is lies;
the flower that once has blown for ever dies.

no 2º verso,
thi-S L-I-F-E F-L-I-E-S,
a vida voa,
o deslocamento anagramático das letras
de *life* na palavra *flies*
correspondendo ao significado
da dispersão e do desaparecimento da vida.
no verso seguinte é eliminado
o *f* de *flies*
na rima leonina da palavra
lies = mentiras
com um sentido subjacente:
lies = jaz (here lies = aqui jaz).
a supressão do *f* é a sentença de morte
o truncamento do voo: *flies/lies*
o truncamento da vida: *life(s)/lies*

no 4º verso, nova disseminação anagramática
no mesmo sentido:

the F-L-O-W-E-R that once has b-L-O-W-n F-O-R e-V-E-R
dies

as letras da palavra *flower*
(equivalente metafórico de *life*)
se desmembram, se
despetalam
pelas palavras seguintes.
visualmente são importantes
os trigramas
L-O-W de *flower* e de *blown*
e *W-E-R(V-E-R)* de *flower* e de *forever*.
bem-visto, todo o conjunto F-O-R-E-V-E-R
é aproveitado no despetalamento florvital

isto lembra os "paragramas" do último saussure
(o seu "lance de dados", como disse haroldo)
que o redimiram das leis apoéticas
da arbitrariedade do signo
e da linearidade do significante
mas as análises paragramáticas de saussure
(por admiráveis que sejam)
isso de descobrir nomes próprios
anagramaticamente dispersos na frase
ex.: *CIRCE* no verso
Comes est ItineRis illi CErva pede
são mais arbitrárias que os seus signos

o ponto mais discutível
das notáveis intuições de saussure
sobre as séries anagramáticas em poesia
é que ele parece ter fetichizado a sua descoberta
(como o fizera com a ideia da arbitrariedade do signo),
o que o levou a construir demais,
arbitrariamente,
sem buscar nos significados
a solidariedade necessária
que solda o poema
e torna relevante
o seu aspecto microestrutural

ora, só no momento em que as séries anagramáticas
e outros efeitos (por vezes casuais)
se confrontam e conferem com o significado
é que passam a ter significação

tentei roubar o rubai de fitzgerald
para a nossa língua:

inferno ou céu, do beco sem saída
uma só coisa é certa: voa a vida,
e, sem a vida, tudo o mais é nada.
a flor que for logo se vai, flor ida.

LIFE-FLIES era impossível.
mas foi possível estabelecer outras conexões:
VoA e VidA, letras iniciais e finais iguais,
viDA e naDA (passando por tuDO)
tetragramas com consoantes e vogais
em posições simétricas e sílaba final igual,
na última linha aflorei o despetalamento da FLOR:

a F-L-O-R que F-O-R L-ogo...

e o despetalamento da VIDA, que eu não conseguira antes:

... se V-A-I, flor I-D-A.

outras relações obtidas: *vai-voa*,
florida e *flor ida* (disseminação/seccionamento)
for-vai-ida (futuro-presente-passado, expressos
em trigramas do verbo "ir")
finalmente a decapitação da *flor-vida*:
flor/for
vida/ida

noutro fantástico rubai
em que a palavra *dust* (pó) é prevalente
as correspondências significante-significado

se explicitam por outro procedimento formal:
agora o discurso é todo ele atomizado, pulverizado
disjecta membra
em monossílabos:

ah, make the most of what we yet may spend,
before we too into the dust descend;
dust into dust, and under dust to lie,
sans wine, sans song, sans singer, and — sans end!

a primeira linha é toda monossilábica
(10 monossílabos!).
ao todo há, na quadra, 28 monossílabos
e 6 dissílabos, num conjunto de 34 vocábulos!

há alguns pares de aliterações importantes:

make the most / too into / dust descend /
under dust / sans song / sans singer / and ... end

sem falar nas cadeias fônicas da última linha:

s..s ...., s..s s..., s..s s....., ... — s ..s ...!
.an. .in., .an. .on., .an. .in..., an. — .an. en.!

como traduzir essa beleza intraduzível?

eis uma tentativa:

ah, vem, vivamos mais que a vida, vem,
antes que em pó nos deponham também;
pó sobre pó, e sob o pó, pousados,
sem cor, sem sol, sem som, sem sonho — sem.

são 24 monossílabos, 5 dissílabos e 3 trissílabos,
num total de 32 vocábulos,
taxas não desprezíveis
dada a menor incidência de palavras curtas
em nossa língua

principais aliterações:

vem, vivamos / vida, vem / pó nos deponham / pó, pousados / sem sol / sem som / sem sonho — sem

as coliterações da penúltima linha do original
em *d-t* linguodentais (*dust into dust*)
receberam uma resposta
em *p-b* bilabiais (*pó sobre pó*)
na linha equivalente da tradução

e na linha final,
algumas aproximações:

*s.. ..., s.. s.., s.. s.., s.. s.... — s...
.em .o., .em .o., .em .om, .em .onh. — .em.*

a chave desse rubai é a palavra *dust*
pó
não por acaso (ah, a suPÓsta arbitrariedade
dos significantes) monossilábica
e em português
vantajosamente digráfica

"a língua é poesia fóssil"
disse emerson

é precisamente quando os poetas
descobrem ou redescobrem
as palavras
fazendo interagir os significantes
e confrontando-os
("em busca de identificação")
com os significados
que se dá o salto do arbitrário
ao motivado
e que os signos não apenas significam
mas se tornam
significativos

101

EDWARD FITZGERALD (1809-1883)

FROM *THE RUBÁ'IYÁT OF OMAR KHAYYÁM*

IX

Whether at Naishapur or Babylon,
Whether the Cup with sweet or bitter run,
The Wine of Life keeps oozing drop by drop,
The Leaves of Life keep falling one by one.

XXV

Ah, make the most of what we yet may spend,
Before we too into the Dust descend;
Dust into Dust, and under Dust to lie,
Sans Wine, sans Song, sans Singer, and — sans End!

LXV

Of threats of Hell and Hopes of Paradise!
One thing at least is certain — This Life flies;
One thing is certain and the rest is Lies;
The Flower that once has blown forever dies.

DO RUBAIYAT DE OMAR KHAYYAM

IX

Em Nishapur ou Babilônia, alguma
Taça, ou amarga ou doce, sempre espuma,
Verte o Vinho da Vida, gota a gota,
Vão-se as Folhas da Vida, uma a uma.

XXV

Ah, vem, vivamos mais que a Vida, vem,
Antes que em Pó nos deponham também;
Pó sobre Pó, e sob o Pó, pousados,
Sem Cor, sem Sol, sem Som, sem Sonho – sem.

LXV

Inferno ou Céu, do beco sem saída
Uma só coisa é certa: voa a Vida,
E, sem a Vida, tudo o mais é Nada.
A Flor que for logo se vai, flor ida.

emily:
o
difícil
anonimato

EMILY: O DIFÍCIL ANONIMATO

no reino das letras e artes
onde as vaidades e os exibicionismos
conhecem todos os truques
e usam de todas as chantagens
da sentimental à política
para as "ego trips" do sucesso
fenômenos como o de emily dickinson
chegam a ser quase incompreensíveis
eu me pergunto
quantos
representantes
da espécie animal chamada homem
serão capazes de captar
tanta grandeza ética e estética

emily não teve nenhum livro editado em vida
desencorajada a publicar
pelo crítico thomas higginson
("not for publication..."
"not good enough to publish...")
a quem submetera por carta alguns de seus poemas
em 1862 (tinha então 32 anos)
respondeu-lhe:
"sorrio quando você sugere
que eu protele a 'publicação'
— o que está tão longe de meus projetos
como o firmamento dos dedos
se eu conhecesse a fama
eu não poderia fugir a ela

se não a conhecesse
ela me perseguiria o dia inteiro
e eu perderia a aprovação de meu cachorro
minha condição de mendigo é melhor"

mulher-poeta
foi vítima de dupla discriminação
por ser mulher
e por ser poeta
original e intransigente

a densidade
de sua linguagem poética
a faz mais atual do que a de whitman
nenhum poeta norte-americano
(nem mesmo emerson ou poe)
tinha levado tão longe
a elipse e a condensação do pensamento
ou a ruptura sintática
até a pontuação foi por ela liberada
travessões interceptam os textos
substituindo vírgulas e pontos
e dando aos poemas
uma fisionomia fragmentária
já totalmente moderna

por isso tudo
só em 1890
quatro anos depois da morte de emily
e contra a opinião dos editores
("... os poemas são bizarros demais
e as rimas todas enviesadas..."
"... sempre me pareceu que seria imprudente
preservar do esquecimento
os poemas de miss dickinson...")
apareceu uma primeira seleção de seus poemas

custeada pela irmã
numa edição de 480 exemplares
e só em 1945 veio a revelar-se
mais de um terço da obra
constituída
ao todo
de 1775 poemas
que só em 1954
tiveram edição completa e ordenada

fernando pessoa
que só teve um livro de poemas publicado em vida
o admirável *mensagem*
(prêmio de "segunda categoria" num concurso literário)
dedicou ao tema da fama póstuma
um lapidar ensaio
erostratus
em que afirma:
"quanto mais nobre o gênio menos nobre o destino
um gênio pequeno alcança a fama
um grande gênio alcança o descrédito
um gênio ainda maior alcança o desespero
um deus é crucificado"
"a maldição do gênio não é
como pensava vigny
ser adorado mas não amado
é não ser nem amado nem adorado"

thoreau
o desobediente civil
disse antes:
"poeta é aquele que
como o urso
tem gordura bastante
para chupar suas patas durante todo o inverno
hiberna neste mundo
e se alimenta de seu próprio tutano"

um dia alguém perguntou a schoenberg
o músico radical
mais tarde exilado
para fugir à dupla perseguição nazista
por ser judeu
e por praticar uma "arte degenerada"
("arte decadente" ou moderna ou de vanguarda
na tradução jdanovista):
"o senhor é arnold schoenberg, o compositor?"
ele respondeu:
"alguém tinha que sê-lo
e como ninguém o quis ser
eu assumi esse encargo"

"não sou ninguém"
grande entre os grandes
dura e pura
coerente até o limite
("publicar
é pôr em leilão o espírito humano")
emily dickinson
preferiu o difícil anonimato
a trair a poesia

EMILY DICKINSON (1830-1886)

1

*We lose — because we win —
Gamblers — recollecting which
Toss their dice again!*

2

*If recollecting were forgetting,
Then I remember not.
And if forgetting, recollecting,
How near I had forgot.
And if to miss, were merry,
And to mourn, were gay,
How very blithe the fingers
That gathered this, Today!*

3

*Success is counted sweetest
By those who ne'er succeed.
To comprehend a nectar
Requires sorest need.*

*Not one of all the purple Host
Who took the Flag today
Can tell the definition
So clear of Victory*

*As he defeated — dying —
On whose forbidden ear
The distant strains of triumph
Burst agonized and clear!*

1

Um perde – o outro ganha –
Jogadores jogados
Lançam de novo os dados!

2

Se recordar fosse esquecer,
Eu não me lembraria.
Se esquecer, recordar,
Eu logo esqueceria.
Se quem perde é feliz
E contente é quem chora,
Que alegres são os dedos
Que colhem isto, Agora!

3

O Sucesso é mais doce
A quem nunca sucede.
A compreensão do nectar
Requer severa sede.

Ninguém da Hoste ignara
Que hoje desfila em Glória
Pode entender a clara
Derrota da Vitória

Como esse – moribundo –
Em cujo ouvido o escasso
Eco oco do triunfo
Passa como um fracasso!

4

*I held a Jewel in my fingers —
And went to sleep —
The day was warm, and winds were prosy —
I said " 'Twill keep" —*

*I woke — and chid my honest fingers,
The Gem was gone —
And now, an Amethyst remembrance
Is all I own —*

5

*I felt a Funeral, in my Brain,
And Mourners to and fro
Kept treading — treading — till it seemed
That Sense was breaking through —*

*And when they all were seated,
A Service, like a Drum —
Kept beating — beating — till I thought
My Mind was going numb —*

*And then I heard them lift a Box
And creak across my Soul
With those same Boots of Lead, again,
Then Space — began to toll,*

*As all the Heavens were a Bell,
And Being, but an Ear,
And I, and Silence, some strange Race
Wrecked, solitary, here —*

*And then a Plank in Reason, broke,
And I dropped down, and down —
And hit a World, at every plunge,
And Finished knowing — then —*

4

Tive uma Joia nos meus dedos –
E adormeci –
Quente era o dia, tédio os ventos –
"É minha", eu disse –

Acordo – e os meus honestos dedos
(Foi-se a Gema) censuro –
Uma saudade de Ametista
É o que eu possuo –

5

Senti um Féretro em meu Cérebro
E Carpideiras indo e vindo
A pisar – a pisar – até eu sonhar
Meus sentidos fugindo –

E quando tudo se sentou,
O Tambor de um Ofício –
Bateu – bateu – até eu sentir
Inerte o meu Juízo –

E eu as ouvi – erguida a Tampa –
Rangerem por minha Alma com
Todo o Chumbo dos Pés, de novo,
E o Espaço – dobrou,

Como se os Céus fossem um Sino
E o Ser apenas um Ouvido,
E eu e o Silêncio a estranha Raça
Só, naufragada, aqui –

Partiu-se a Tábua em minha Mente
E eu fui cair de Chão em Chão –
E em cada Chão achei um Mundo
E Terminei sabendo – então –

6

I'm Nobody! Who are you?
Are you – Nobody – Too?
Then there's a pair of us?
Don't tell! they'd advertise – you know!

How dreary – to be – Somebody!
How public – like a Frog –
To tell one's name – the livelong June –
To an admiring Bog!

7

Me from Myself – to banish –
Had I Art –
Impregnable my Fortress
Unto All Heart –

But since Myself – assault Me –
How have I peace
Except by subjugating
Consciousness?

And since We're mutual Monarch
How this be
Except by Abdication –
Me – of Me?

6

Não sou Ninguém. Quem é você?
Ninguém – Também?
Então somos um par?
Não conte! Podem espalhar.

Que triste – ser – Alguém!
Que pública – a Fama!
Dizer seu nome – como a Rã –
Para as palmas da Lama.

7

Banir a Mim – de Mim –
Fosse eu Capaz –
Fortim inacessível
Ao Eu Audaz –

Mas se meu Eu – Me assalta –
Como ter paz
Salvo se a Consciência
Submissa jaz?

E se ambos somos Rei
Que outro Fim
Salvo abdicar-
Me – de Mim?

8

Banish Air from Air —
Divide Light if you dare —
They'll meet
While Cubes in a Drop
Or Pellets of Shape
Fit
Films cannot annul
Odors return whole
Force Flame
And with a Blonde push
Over your impotence
Flits Steam.

9

These tested Our Horizon —
Then disappeared
As Birds before achieving
A Latitude.

Our Retrospection of Them
A fixed Delight,
But our Anticipation
A Dice — a Doubt —

10

Death is a Dialogue between
The Spirit and the Dust.
"Dissolve" says Death — The Spirit "Sir
I have another Trust" —

Death doubts it — Argues from the Ground —
The Spirit turns away
Just laying off for evidence
An Overcoat of Clay.

8

Corta o Ar do Ar –
Divide a Luz se puderes –
Eles se acharão
Cubos numa gota
Ou grãos num vaso
Vão
Névoas não
Odores volvem
Força a Flama
E com um Louro impulso
Ante a tua impotência
Voa a Chama.

9

Esses testaram Nosso Céu –
E desapareceram,
Pássaros antes de cumprir
A Latitude.

Nossa Retrospectiva Deles,
Prazer pousado,
Nossa Antecipação
– Dúvida – Dado –

10

A Morte é um Diálogo entre
A Alma e o Pó.
Diz a Morte "Some" – A Alma "Só
Me cabe ser Crente" –

A Morte – sob a Terra – clama.
Vai-se a Alma
Deixando o seu – prova cabal –
Manto de Lama.

lewis carroll:
homenagem
ao
nonsense

LEWIS CARROLL: HOMENAGEM AO NONSENSE

mais de cem anos de mau senso nos separam
da poesia nonsense
criação do humor inglês vitoriano —
de autores pretensamente inofensivos
"para crianças":
edward lear — *the book of nonsense* (1846)
nonsense songs, stories, botany and alphabets (1871)
(cem anos!)
lewis carroll — *alice's adventures in wonderland* (1865)
and *through the looking-glass* (1872)

cem anos

"a mais curiosa
de todas as reversões da grande época vitoriana
da mecanização e da alta compostura moral
foi a contraestratégia
de lewis carroll e edward lear
cujo nonsense acabou por se mostrar
extraordinariamente duradouro."
(mcluhan, *understanding media*)

sem anos

"how unpleasant to know mr eliot",
o reverendo eliot.
mas o eliot com sal de 1910-30
antes da quarta-feira de cinzas
já sabia ler lear
"how pleasant to know mr lear!"

lettuce! o lettuce!
let us, o let us,
o lettuce leaves,
o let us leave this tree and eat
lettuce, o let us, lettuce leaves!

alface! ó alface!
faça, ó faça,
ó alface, afinal,
que se faça o nosso al-
moço, face a face, ó alface!
(lear, em *the history of the seven guinea pigs*)

e o *finnegans wake* acordou alguns adultos
para lewis carroll, lewd's carol,
lieto galumphantes, fotopornógrafo ninfantil,
inventor das palavras-portmanteau:
gritos + silvos = grilvos.

a poesia concreta fez voltar
o precursor dos caligramas
no poema tom-&-jerry
em forma de cauda
de *alice no país das maravilhas*
e os já concretos *doublets* (1880):

```
B L A C K
b l a n k
b l i n k
c l i n k
c h i n k
c h i n e
w h i n e
W H I T E
```

jogo sério joco-sério
"curiosa mathematica"

onde as palavras opostas devem ser obtidas
com o menor número de palavras interpostas
diferindo entre si
por uma letra

yet what are all such gaieties to me
whose thoughts are full of indices and surds

$$x^2 + 53 + 7x$$

$$= \frac{11}{3}$$

mas que são essas festas para mim que quis
meus pensamentos em incógnitas imersos

$$x^2 + 53 + 7x$$

$$= \frac{11}{3}$$

(lewis carroll, *fantasmagoria*, "quatro enigmas")

"matemático contemporâneo de clark maxwell,
lewis carroll era tão de vanguarda
que já tinha conhecimento
das geometrias não euclidianas
que começavam a aparecer no seu tempo.

em *alice no país das maravilhas*
ele deu aos confiantes vitorianos
um jocoso antegosto
do espaço-tempo einsteiniano."
(mcluhan, *understanding media*)

"que grande coisa
se pudéssemos aplicar essa regra aos livros!
você sabe
para achar o mínimo múltiplo comum
eliminamos uma quantidade
sempre que ela ocorra
exceto no termo em que ela é elevada
ao maior valor possível.
assim, teríamos que apagar
todos os pensamentos registrados
salvo na sentença em que fossem expressos
com a maior intensidade."
a dama riu alegremente.
"temo que *alguns* livros
seriam então reduzidos a papel
em branco" disse ela.
"sim, seriam. muitas bibliotecas
ficariam terrivelmente diminuídas
em *volume*.
mas pense só no que elas ganhariam
em *qualidade*!"

"e quando viajarmos por eletricidade –
se é que eu posso me aventurar a desenvolver
sua teoria –
teremos folhetos em lugar de livretos
e o crime e o casamento
virão na mesma página."
(lewis carroll, *sylvie and bruno*)

non multa sed multum

a primeira coletânea
de poemas concretos de ronaldo azeredo
em *noigandres 3* (1956)
se chamava
mmc

e há os poemas
não traduzidos ou mal
traduzidos
nas desventuras de alice
através das "adaptações" brasileiras para crianças:

além do *jabberwocky*
(jaguadarte)
pré-joyceano
e do poema-cauda
pré-caligrâmico

o recado aos peixes
não sermão sibilino
que termina em
suspenso

a *sopa de tartaruga*
q os soluços da "falsa tartaruga"
solucionam em novas rimas:

*who would not give all else for two p
ennyworth only of beautiful soup?*

quem não daria tudo só pa
ra beliscar essa bela sopa?

(isomorfismo)

i am the eggman, they are the eggmen — i am the walrus

quando disseram a john lennon
que a sua prosa lembrava o *ulysses*
ele respondeu
que nunca tinha lido joyce
sua única influência literária era
lewis carroll

projeto de uma bíblia para crianças:
"o livro deveria ser de tamanho portátil
com uma capa bem atraente
impressão clara e legível
e acima de tudo com muitas
figuras, figuras, figuras."
(lewis carroll, *sylvie and bruno*, prefácio)

"lewis carroll olhou através do espelho
e encontrou uma espécie de espaço-tempo
que é o modo normal do homem eletrônico.
antes de einstein, carroll já havia penetrado
o universo ultrassofisticado de einstein.
cada momento, para carroll, tinha o seu
próprio espaço e o seu próprio tempo.
alice cria o seu próprio espaço e tempo.

einstein, e não lewis carroll,
achava isso espantoso."
(mcluhan, entrevista, 1967)

lear: "splendidophoropherostiphongious!"

"nonsense!", disse o crítico.

LEWIS CARROLL (1832-1898)

TAIL-POEM

    — Fury said to
      a mouse, That
        he met in the
          house, 'Let
            us both go
              to law: *I*
                will prose-
                  cute *you.*—
                Come, I'll
              take no de-
            nial: We
          must have
        the trial;
For really
this morn-
ing I've
nothing
to do.'
Said the
  mouse to
    the cur,
      Such a
        trial, dear
          sir, With
            no jury
              or judge,
                w o u l d
              be wast-
            ing our
          breath.
          'I'll be
        judge,
      I'll be
    jury,
    said
    cun-
    ning
    old
     Fury:
     'I'll
      t r y
        the
         whole
          cause,
          a n d
         con-
        demn
       you to
death.

POEMA-CAUDA

**Disse o gato
pro rato:**
Façamos um
trato. Pe-
rante o
tribunal
eu te de-
nuncia-
rei. Que
a justiça
se faça.
Vem, deixa
de negaça,
é preciso,
afinal,
que cum-
pramos
a lei.
Disse o
rato pro
gato:
— Um
julga-
mento
tal, sem
juiz nem
jurado,
seria um
disparate
— O juiz
e o jura-
do se-
rei eu,
disse
o ga-
to. e
tu,
ra-
to,
réu
nato,
eu con-
de no
a
meu
pra-
to.

MESSAGE TO THE FISH

In winter, when the fields are white,
I sing this song for your delight —

In spring, when woods are getting green,
I'll try and tell you what I mean.

In summer, when the days are long,
Perhaps you'll understand the song:

In autumn, when the leaves are brown,
Take pen and ink, and write it down.

I sent a message to the fish:
I told them "This is what I wish".

The little fishes of the sea
They sent an answer back to me.

The little fishes' answer was
"We cannot do it, Sir, because —"

I sent to them again to say
"It will be better to obey."

The fishes answered with a grin,
"Why, what a temper you are in!"

I told them once, I told them twice:
They would not listen to advice.

I took a kettle large and new,
Fit for the deed I had to do.

RECADO AOS PEIXES

No inverno, quando o branco é tanto,
Canto este canto com encanto.

Quando floresce a primavera,
Direi o que ninguém espera.

No verão, quando é longo o dia,
Talvez se entenda a melodia.

No outono, quando a folha cai,
Com pena e tinta registrai:

Eu mandei um recado aos peixes.
Disse-lhes: – Este é o meu desejo.

E eis que os peixinhos lá no mar
Me responderam sem tardar.

A resposta dos peixes foi:
– Impossível, meu caro, pois...

Eu lhes mandei então dizer:
– Será melhor me obedecer.

A resposta veio a seguir:
– Ora, é favor não insistir.

Disse-lhes uma, duas, três,
Mas empacaram de uma vez.

Peguei uma chaleira quente,
Própria para o que eu tinha em mente.

My heart went hop, my heart went thump;
I filled the kettle at the pump.

Then someone came to me and said,
"The little fishes are in bed."

I said to him, I said it plan,
"Then you must wake them up again."

I said it very loud and clear;
I went and shouted in his ear.

But he was very stiff and proud;
He said, "You needn't shout so loud!"

And he was very proud and stiff;
He said, "I'd go and wake them, if —"

I took a corkscrew from the shelf:
I went to wake them up myself.

And when I found the door was locked,
I pulled and pushed and kicked and knocked.

And when I found the door was shut,
I tried to turn the handle, but —

Meu coração batia à louca,
Enchi a chaleira até a boca.

Então alguém disse sorrindo:
— Os peixes já estão dormindo.

Eu respondi em termos claros:
— Pois então trate de acordá-los.

Eu disse firme e decidido,
Eu fui e lhe gritei no ouvido.

Mas ele era orgulhoso e cauto
E disse: — Não fale tão alto!

E ele era tão cheio de si
Que disse: — Eu vou buscá-los, se...

Saquei então de um saca-rolhas
E fui eu mesmo atrás das bolhas.

E ao ver a porta já cerrada,
Bati, toquei, topei — que nada!

E ao ver a porta ali, zás-trás,
Girei a maçaneta, mas...

SONG OF THE MOCK-TURTLE

Beautiful Soup, so rich and green,
Waiting in a hot tureen!
Who for such dainties would not stoop?
Soup for the evening, beautiful Soup!
Soup for the evening, beautiful Soup!
    Beau–ootiful Soo——oop!
    Beau–ootiful Soo——oop!
Soo–oop of the e–e–evening,
    Beautiful, beautiful Soup!

Beautiful Soup! Who cares for fish,
Game, or any other dish?
Who would not give all else for two p
ennyworth only of beautiful Soup?
Pennyworth only of beautiful Soup?
    Beau–ootiful Soo——oop!
    Beau–ootiful Soo——oop!
Soo–oop of the e–e–evening,
    Beautiful, beauti——FUL SOUP!

CANÇÃO DA FALSA TARTARUGA

Que bela Sopa, de osso ou aveia,
A ferver na panela cheia!
Quem não diz: – Ave! Quem não diz: – Eia!
Quem não diz: – Opa! que bela Sopa!
Sopa das sopas, que bela Sopa!
    Que be–la So——opa!
So–pa, só—ó So——opa!
    Que bela Sopa!

Que bela Sopa! Quem não se baba,
Quem não a papa! Quem não a gaba!
Quem não daria tudo só pa-
ra beliscar essa bela Sopa?
Beliscar essa bela Sopa?
    Que be–la So—opa!
    Que be–la So—opa!
So–pa, só–ó So——opa!
    Que bela SO–SOPA!

JABBERWOCKY

'Twas brillig, and the slithy toves
    Did gyre and gimble in the wabe;
All mimsy were the borogoves,
    And the mome raths outgrabe.

"Beware the Jabberwock, my son!
    The jaws that bite, the claws that catch!
Beware the Jubjub bird and shun
    The frumious Bandersnatch!"

He took his vorpal sword in hand:
    Longtime the manxome foe he sought —
So rested he by the Tumtum tree,
    And stood awhile in thought.

And as in uffish thought he stood,
    The Jabberwock, with eye of flame,
Came whiffling through the tulgey wood,
    And burbled as it came!

One, two! One, two! And through and through
    The vorpal blade went snicker-snack!
He left it dead, and with his head
    He went galumphing back.

"And has thou slain the Jabberwock!
    Come to my arms, my beamish boy!
O frabjous day! Callooh! Callay!"
    He chortled in his joy.

'Twas brillig, and the slithy toves
    Did gyre and gimble in the wabe;
All mimsy were the borogoves,
    And the mome raths outgrabe.

JAGUADARTE

Era briluz. As lesmolisas touvas
      Roldavam e relviam nos gramilvos.
Estavam mimsicais as pintalouvas,
      E os momirratos davam grilvos.

"Foge do Jaguadarte, o que não morre!
      Garra que agarra, bocarra que urra!
Foge da ave Felfel, meu filho, e corre
      Do frumioso Babassurra!"

Ele arrancou sua espada vorpal
      E foi atrás do inimigo do Homundo.
Na árvore Tamtam ele afinal
      Parou, um dia, sonilundo.

E enquanto estava em sussustada sesta,
      Chegou o Jaguadarte, olho de fogo,
Sorrelfiflando através da floresta,
      E borbulia um riso louco!

Um, dois! Um, dois! Sua espada mavorta
      Vai-vem, vem-vai, para trás, para diante!
Cabeça fere, corta, e, fera morta,
      Ei-lo que volta galunfante.

"Pois então tu mataste o Jaguadarte!
      Vem aos meus braços, homenino meu!
Oh dia fremular! Bravooh! Bravarte!"
      Ele se ria jubileu.

Era briluz. As lesmolisas touvas
      Roldavam e relviam nos gramilvos.
Estavam mimsicais as pintalouvas,
      E os momirratos davam grilvos.

DOUBLETS

LONGE	FOGO	CÉU	MANHÃ
monge	foro	cem	manha
monte	fora	com	manda
ponte	fura	cor	mando
ponto	aura	dor	bando
porto	agra	dar	bardo
PERTO	ÁGUA	MAR	tardo
			TARDE
			tardo
CERTO	DEUS	SIM	tordo
curto	meus	vim	mordo
furto	maus	vem	morto
farto	mais	nem	morte
falto	cais	neo	norte
FALSO	CAOS	NÃO	NOITE

TERRA	LIXO	BEM	
torra	luxo	sem	PRESO
torta	luto	som	prego
morta	puto	sol	prega
morte	puro	sal	praga
MARTE	OURO	MAL	traga
			trava
		SOL	toava
	TUDO	sul	toara
PROSA	ludo	sua	tiara
presa	lodo	LUA	fiara
preta	lado	loa	fibra
poeta	nado	soa	libra
POEMA	NADA	SOL	livra
			LIVRE

reverlaine

REVERLAINE

paul verlaine
pauvre lélian
parecia fora da jogada
com todos os seus belos
sanglolons
mas vejam:
essa *arte poética*
débussydissonante
(que tem quase um século)
é de outra música.
o verso ímpar
de 9 sílabas
não é fácil de manejar
não é fácil também usar
a palavra *ail*
em vez de *aile*
ou *alho*
em lugar de *ala*
num poema.

e há uma série de dísticos-lemas
até hoje válidos:
prends l'éloquence et tords-lui son cou!
q o confuso mário de andrade
da *escrava que não era isaura*
tachou de "errado"
erro corrigido por oswald
nos minipoemas
paubrasil

como viu paulo prado:
"le poète japonais
essuye son couteau:
cette fois l'éloquence est morte"
ou
"em comprimidos,
minutos de poesia".

"torce, aprimora, alteia, lima
a frase; e, enfim,
no verso de ouro engasta a rima
como um rubim."

olavo braz martins dos guimarães bilac
tic tac tic tac tic tac tic tac tic tac tic tac

pois sim

o qui dira les torts de la rime?
a rima, *ce bijou d'un sou*
(este toco oco):
"mulheres, rilke, esses bijus de um níquel!"
décio pignatari em "o poeta virgem"
da sua *bufoneria brasiliensis*
(1952)!

de la musique avant toute chose
sim, a música é mais importante:
"all things that are...
are musical"
(richard crashaw)
"everything we do
is music"
(john cage)

"musica sola mei
superest medicina veneni"
disse a tarântula

144

à tarantela —
"antidotum tarantulae",
roma, 1641,
na *pequena história da música*
do mais útil mário de andrade.

"poesia não é bem literatura"
disse pound,
"provença knew".

verlaine também, *l'aventure
et tout le reste est littérature.*

PAUL VERLAINE (1844-1896)

ART POÉTIQUE

A Charles Morice

De la musique avant toute chose,
Et pour cela préfère l'Impair,
Plus vague et plus soluble dans l'air,
Sans rien en lui qui pèse ou qui pose.

Il faut aussi que tu n'ailles point
Choisir tes mots sans quelque méprise:
Rien de plus cher que la chanson grise
Où l'Indécis au Précis se joint.

C'est des beaux yeux derrière des voiles
C'est le grand jour tremblant de midi,
C'est, par un ciel d'automne attiédi,
Le bleu fouillis des claires étoiles!

Car nous voulons la Nuance encor,
Pas la Couleur, rien que la nuance!
Oh! la nuance seule fiance
Le rêve au rêve et la flûte au cor!

Fuis du plus loin la Pointe assassine,
L'Esprit cruel et le Rire impur,
Qui font pleurer les yeux de l'Azur,
Et tout cet ail de basse cuisine!

Prends l'éloquence et tords-lui son cou!
Tu feras bien, en train d'énergie,
De rendre un peu la Rime assagie.
Si l'on n'y veille, elle ira jusqu'où?

ARTE POÉTICA

A Charles Morice

Antes de tudo, a Música. Preza
Portanto o Ímpar. Só cabe usar
O que é mais vago e solúvel no ar,
Sem nada em si que pousa ou que pesa.

Pesar palavras será preciso,
Mas com algum desdém pela pinça:
Nada melhor do que a canção cinza
Onde o Indeciso se une ao Preciso.

Uns belos olhos atrás do véu,
O lusco-fusco no meio-dia,
A turba azul de estrelas que estria
O outono agônico pelo céu!

Pois a Nuance é que leva a palma,
Nada de Cor, somente a nuance!
Nuance, só, que nos afiance
O sonho ao sonho e a flauta na alma!

Foge do Chiste, a Farpa mesquinha,
Frase de espírito, Riso alvar,
Que o olho do Azul faz lacrimejar,
Alho plebeu de baixa cozinha!

A eloquência? Torce-lhe o pescoço!
E convêm empregar de uma vez
A rima com certa sensatez
Ou vamos todos parar no fosso!

Oh! qui dira les torts de la Rime?
Quel enfant sourd ou quel nègre fou
Nous a forgé ce bijou d'un sou
Qui sonne creux et faux sous la lime?

De la musique encore et toujours!
Que ton vers soit la chose envolée
Qu'on sent qui fuit d'une âme en allée
Vers d'autres cieux à d'autres amours.

Que ton vers soit la bonne aventure
Éparse au vent crispé du matin
Qui va fleurant la menthe et le thym…
Et tout le reste est littérature.

Quem nos dirá dos males da rima!
Que surdo absurdo ou que negro louco
Forjou em joia este toco oco
Que soa falso e vil sob a lima?

Música ainda, e eternamente!
Que teu verso seja o voo alto
Que se desprende da alma no salto
Para outros céus e para outra mente.

Que teu verso seja a aventura
Esparsa ao árdego ar da manhã
Que enchem de aroma o timo e a hortelã...
E todo o resto é literatura.

stefânio maranhão mallarmé sobrinho

STEFÂNIO MARANHÃO MALLARMÉ SOBRINHO

veloz como um corcel, voando num mito hircânio,
tremente, esvai-se a luz no leve oxigênio
da tarde, que me evoca os olhos de estefânio
mallarmé, sob a unção da tristeza e do gênio!

da "tumba de edgar poe" (16-11-1875)
a essa hommage enigmagem
do simbolista maranhense
maranhão sobrinho
(1879-1915)

"interlunar" –
soneto magnífico
em ânio ênio ínio ônio únio
ao supremo mestre

stéphane mallarmé
maranhão sobrinho

papéis velhos...
roídos pela traça do símbolo (1908)
estatuetas (1909)
vitórias-régias (1911)
e sabe lá quantos inéditos
roídos pela traça do tempo...

em "poetas malditos"
também lá te encontrei, tristan corbière, nas grutas
do demônio, cantando umas canções remotas
como o oceano, que morde as praias de oiro, enxutas,
no virente esplendor das vivas bergamotas...

e um raro alexandrino
gertrudesteiniano:

satã satã satã satã satã satã

rose is a rose is a rose is
um soneto de rosas rosas rosas:

rosas no céu, rosas nas cercas, rosas
nos teus ombros e rosas no teu rosto,
rosas em tudo, e há chagas veludosas
de rosas cor-de-rosa no sol-posto...

augusto dos anjos assinaria isto:

e, na lama, que a lesma azul meandra de rugas,
rojando-se, em espirais de gelatina, enormes
arrastam-se, pulsando, as moles sanguessugas...

riqueza de aliterações, quase anagrâmicas
às vezes: *lama-lesma*,
semipalíndromos silábicos:
lesma-moles,
espelhos

stéphane maranhão
mallarmé sobrinho

e o chocalhar sacrílego dos dados

com estes fragmentos escoramos
these fragments we have shelved
against our ruins
as ruínas da vitória

papéis velhos... roídos pela traça
farrapos de seda
sem esperança nem temor

com gregório, sousândrade, kilkerry
aos voos da blasfêmia esparsos no futuro
bright brazilians blasting at bastards

MARANHÃO SOBRINHO (1879-1915)

INTERLUNAR

Entre nuvens cruéis de púrpura e gerânio,
rubro como, de sangue, um hoplita messênio
o Sol, vencido, desce o planalto de urânio
do ocaso, na mudez de um recolhido essênio...

Veloz como um corcel, voando num mito hircânio,
tremente, esvai-se a luz no leve oxigênio
da tarde, que me evoca os olhos de Estefânio
Mallarmé, sob a unção da tristeza e do gênio!

O ônix das sombras cresce ao trágico declínio
do dia que, a lembrar piratas do mar Jônio,
põe, no ocaso, clarões vermelhos de assassínio...

Vem a noite e, lembrando os Montes do Infortúnio,
vara o estranho solar da Morte e do Demônio
com as torres medievais as sombras do Interlúnio...

STÉPHANE MALLARMÉ (1842-1898)

LE TOMBEAU D'EDGAR POE

Tel qu'en Lui-même enfin l'éternité le change,
Le Poète suscite avec un glaive nu
Son siècle épouvanté de n'avoir pas connu
Que la mort triomphait dans cette voix étrange!

Eux, comme un vil sursaut d'hydre oyant jadis l'ange
Donner un sens plus pur aux mots de la tribu
Proclamèrent très haut le sortilège bu
Dans le flot sans honneur de quelque noir mélange.

Du sol et de la nue hostiles, ô grief!
Si notre idée avec ne sculpte un bas-relief
Dont la tombe de Poe éblouissante s'orne,

Calme bloc ici-bas chu d'un désastre obscur,
Que ce granit du moins montre à jamais sa borne
Aux noirs vols du Blasphème épars dans le futur.

A TUMBA DE EDGAR POE

Tal que a Si-mesmo enfim a Eternidade o guia,
O Poeta suscita com o gládio erguido
Seu século espantado por não ter sabido
Que nessa estranha voz a morte se insurgia!

Vil sobressalto de hidra ante o anjo que urgia
Um sentido mais puro às palavras da tribo,
Proclamaram bem alto o sortilégio atribu-
Ido à onda sem honra de uma negra orgia.

Do solo e céu hostis, ó mágoa! Se o que escrevo
– Ideia e dor – não esculpir baixo-relevo
Que ao túmulo de Poe luminescente indique,

Calmo bloco caído de um desastre obscuro.
Que este granito ao menos seja eterno dique
Aos voos da Blasfêmia esparsos no futuro.

américa latina: contra-boom da poesia

AMÉRICA LATINA: CONTRA-BOOM DA POESIA

o boom da américa latina espanhola
só esqueceu uma coisa
a poesia
(como viu octavio paz)

"acho a palavra boom repulsiva"
disse paz
"não se deve confundir
sucesso, publicidade ou venda
com literatura"

a poesia   arte pobre
lixo-luxo da cultura
nunca teve lugar
no mercado comum das letras latino-americanas
(onde só os brasileiros não vendem nada)

e no entanto
há algo nessa poesia
q merecia ser mais conhecido por aqui

claro, existe um grilo
entre nós e eles:
o surrealismo
(qualquer que seja o nome que lhe deem)
impregna a massa dos poemas hispano-americanos
de uma insuportável retórica metaforizante
que não questiona a linguagem

a poesia brasileira
(que sofre de outros males)
nunca foi surrealista
(talvez porque o país já seja surrealista
como disse o décio)

há uma belém-brasília
percorrendo a medula de nossa poesia
qualquer coisa joia
qorpo estranho
entre o fácil e o fóssil

de oswald à poesia concreta
de joão cabral e joão gilberto
da pc à tropicália
criou-se uma outra linha experimental
antropófago-construtivista
que não tem paralelo
na américa espanhola

mas o chileno *vicente huidobro* (1893-1948)
– especialmente o dos poemas visuais de 1917-18
e o de *altazor* (1931) –
e o argentino *oliverio girondo* (1891-1967)
– especialmente o de *en la masmédula* (1954-56) –
superam os próprios cacoetes metafóricos
e caminham para o núcleo das palavras
que desintegram e reconstróem
em novas vivências léxicas
e novas sondagens poéticas

contemporâneos dos nossos modernistas
são dois raros pioneiros
habitantes
da face oculta criativa
da poesia latino-americana espanhola
a que existe

a que não quer titilar sentimentos
nem subornar más consciências
poesia de linguagem
e não de língua
qorpo estranho

VICENTE HUIDOBRO (1893-1948)

FRAGMENT D'*ALTAZOR**

à l'horitagne de la montazon
une hironline sur sa mandodelle
décrochée le matin de la lunaille
approche approche à tout galop

déjà vient vient la mandodelle
déjà vient vient l'hirondoline
déjà s'approche oche oche l'hironbelle
déjà s'approche l'hironselle
déjà s'approche l'hironfréle
l'hirongréle
l'hironduelle
avec les yeux ouverts l'hirongéle
avec ses ciseaux coupant
            la brume l'hironaile

l'hironciel
l'hironmiel
la belle hironréele
et la nuit rentre ses ongles
        comme le léopard

elle approche l'hirontélle
qui a un nid dans chacune
            de deux chaleurs

---

* Versão em francês do próprio Huidobro (1930). O poema *Altazor* traz a data inicial de 1919.

FRAGMENTO DE ALTAÇOR

no horitanha da montazonte
uma andolina sobre a mandorinha
despregada a manhã da luninda
acode acode a pleno trote

já vem já vem a mandodorinha
já vem já vem a andorlina
já acode ode ode a andolinda
já acode a andovinda
já acode a andofinda
a andofina
a andovia
olhos abertos a andofria
com tesouras cortando
          a bruma a andorafia

a andocéu
a andomel
a bela andoaoléu
e a noite recolhe suas unhas
          como o leopardo

ela acode a ardorela
que tem um ninho em cada um
          de dois calores

tel que moi je l'ai
          dans les quatre horizons
déjà s'approche l'hironfréle
et les vagues se dressent
          sur la pointe de leurs pieds
déjà s'approche l'hironbelle
et la tête de la montagne
          sent un étourdissement
elle vient l'hironruelle
et le vent s'est fait parobole
          des sylphides en orgie

se remplissent de notes
          les fils téléphoniques
et la couchant s'endort
          avec la tête cachée
et l'arbre avec le pouls enfiévré

mais le ciel préfère le rodognol
son enfant gâté le rorégnol
sa fleur de joie le romignol
sa peau de larme le rofagnol
sa gorge de nuit le rossolgnol
le rolagnol
le rossignol

et tout l'espace tiédit
          dans sa langue de tralali lilo
tralilo lali
avale les étoiles pour la toilette
toutes les petites et même l'étoilon
trariri raro
toutes les belles planètes
      qui mûrissent dans les planetiers
mais je n'achète pas les étoiles
          dans la nuitrerie
ni des vagues nouvelles
          dans la mererie
traramo riré

como eu o tenho
            nos quatro horizontes
já acode a andogela
e as ondas se levantam
            sobre a ponta dos pés
já acode a andobela
e o rosto da montanha
            estremece de espanto
ela vem a andovela
e o vento se faz parávola
            de sílfides em orgia

enchem-se de notas
            os fios telefônicos
e o poente dorme
            com o rosto escondido
e a árvore com o pulso inflamado

mas o céu prefere o roudonol
seu filho mimado o rourrenol
sua flor de alegria o rouminol
sua pele de lágrima o roufanol
sua garganta de noite o roussolnol
o roulanol
o roussinol

e todo o espaço se faz mole
      em sua língua de tralali lilô
tralilô lalí
engole as estrelas para a toalete
todas as pequenas e mesmo a estrela mór
trarirí rarô
todos os belos planetas
      que amadurecem nas planeteiras
mas eu não compro estrelas
                  na noiteria
nem ondas novas
            no ar marinho
trararô rirê

OLIVERIO GIRONDO (1891-1967)

EL PURO NO

el no
el no inóvulo
el no nonato
el noo
el no poslodocosmos de impuros ceros noes que noan noan noan
y nooan
y plurimono noan al morbo amorfo noo
no démono
no deo
sin son sin sexo ni órbita
el yerto inóseo noo en unisolo amódulo
sin poros ya sin nódulo
ni yo ni fosa ni hoyo
el macro no ni polvo
el no más nada todo
el puro no
sin no

O PURO NÃO

o não
o não inóvulo
o não nonato
o innão
o não póslodocosmos de pésteos zeros nãos que nãoam nãoam nãoam
e nãoãoam
e pluriuno nãoam ao morbo amorfo innão
não dêmono
não deo
sem som sem sexo nem órbita
o hirto inósseo innão em uníssolo amódulo
sem poros já sem nódulo
nem eu nem cova nem fosso
o macro não não pó
o não mais nada tudo
o puro não
sem não

PLEXILIO

egofluido
                              éter vago
                                                       ecocida
                                                                             ergonada
en el plespacio
                                prófugo
flujo fatuo
                                        no soplo
sin nexo anexo al éxodo
                              en el coespacio
                                                                           afluido
nubífago
                        preseudo
                                          heliomito
                                                                          subcero
parialapsus de exilio
                              en el no espacio
                                                                          ido

PLEXÍLIO

egofluido
                        éter vago
                                        ecocida
                                                              ergonada
no plespaço
                       prófugo
fluxo fátuo
                             não sopro
sem nexo anexo ao êxodo
                       no coespaço
                                                         afluído
nubífago
                  prépseudo
                                   heliomito
                                                          subzero
parialapso de exílio
                       no não espaço
                                                            ido

*gertrude
é
uma
gertrude*

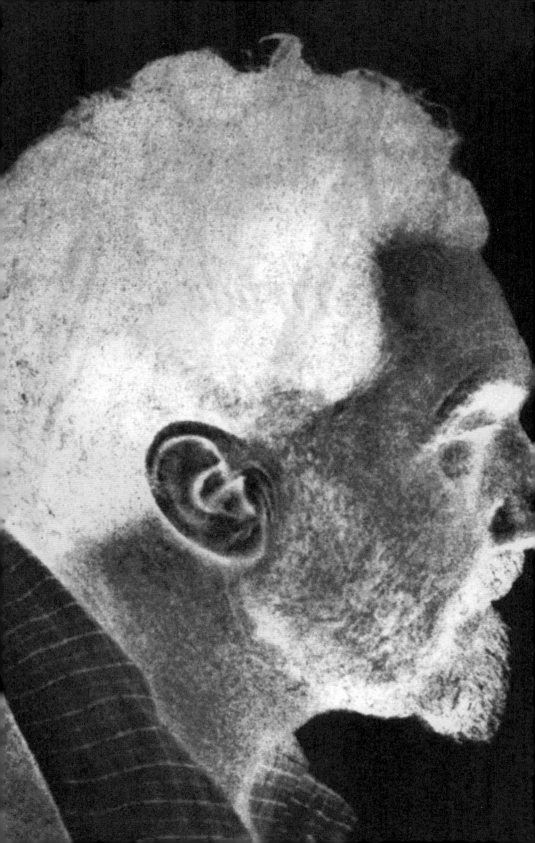

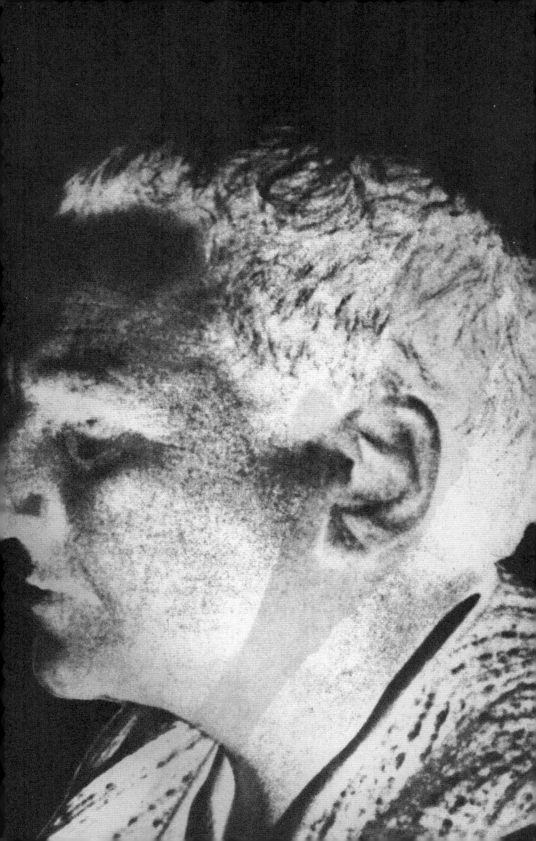

GERTRUDE É UMA GERTRUDE

gertrude stein
não gostava de pound
q não gostava de gertrude
mas gostava de joyce
mas não gostava do *finnegans wake*
pound ignorou mallarmé
(mesmo valéry
vacilou ante *un coup de dés*)
mallarmé não entendeu
o lance de dados de flaubert
q lhe pareceu então
"uma aberração estranha":
bouvard et pécuchet
em q pound anteviu lucidamente
"a inauguração de uma forma nova
sem precedentes"

"livre assez bête"
segundo valéry
q também não percebeu o projeto
dessa "enciclopédia crítica em farsa"
como a via o próprio flaubert
ou dessa
"encyclopédie de la bêtise"
como a chamou mais cruamente
geneviève bollème

bouvard et pécuchet
cujo segundo volume inacabado

e inacabável
– o "album" ou "sottisier" (tolicionário) –
equivaleria em radicalidade
ao projetado "livro"
de mallarmé
"mas é preciso estar louco
e triplamente frenético
para empreender um livro como este"
(flaubert a mme roger de genettes
sobre *bouvard et pécuchet*, 1872)
"você não acha
q é um ato de demência?"
(mallarmé a valéry
sobre *un coup de dés*, 1897)

da impassibilidade
à impossibilidade

"será preciso q em todo o livro
não haja uma só palavra
de minha autoria
e q depois de lê-lo
as pessoas não ousem mais falar
com medo de dizer instintivamente
uma das frases q lá se encontram"
(flaubert)

um livro de ready-mades
linguísticos
de um ancestral desconhecido
de duchamp:
"meu segundo volume
está com três quartos terminados
e será composto quase que inteiramente
de citações"
(flaubert, 1880)

mas flaubert foi o pai
reconhecido
do conflito fraterno
desses irmãos antigêmeos
joyce e gertie
"james joyce et pécuchet"
era o título do artigo pioneiro
de pound sobre *ulysses* em 1922
e gertrude mais tarde:
"tudo o q fiz
foi influenciado por flaubert e cézanne"

"tout ce que j'ai de plus poétique
à vous dire
est de ne rien dire"
(flaubert)
"there was nothing to say
because just then
saying anything was nothing"
(g. stein)
"i am here
and i have nothing to say
and i am saying it
and this is poetry"
(john cage)

mas quero falar de gertrude
stein
porque ela teria feito 100 anos
este ano (1974)
se pudesse
com schoenberg e ives
e se me perguntarem por que prefiro falar dos mortos
podendo falar dos vivos
respondo com fernando pessoa:
"com uma tal falta de gente coexistível

como há hoje
que pode um homem de sensibilidade fazer
senão inventar os seus amigos
ou quando menos
os seus companheiros de espírito?"

neste país
"que canta e é feliz
feliz feliz"
só um único livro de gertrude foi traduzido
três vidas
(q aqui só teve uma vida:
a edição de 1965 esgotada
e não revivida pela editora cultrix
tradução de brenno silveira e josé paulo paes)
e nada mais
nenhuma de suas peças foi tentada
pelo decantado teatro nacional
nenhuma de suas "óperas" foi cantada
e gertrude merece ser cantada

ela é uma chata genial
a única q pegou o outro lado da questão
inglês básico mais repetições
it is it is it is it is.
if it and as if it
if it or as if it
and it is as if it and as if it.
or as if it.
repetições
q no monstruoso *the making of americans*
ultrapassam o limite da legibilidade

é claro
gertrude foi ficando tagarela
quanto mais paranoica mais tagarela
"ela q se parecia com uma robusta camponesa

começou a ficar parecida
com um general romano"
dixit hemingway
a fofoca experimental
e a autovalorização
de suas "autobiografias"
às vezes chateiam mortalmente
mas isso não elimina a sua importância
ela descobriu algo
não é dadá não é surrealista
é gertrude stein
gertrude é uma gertrude é uma gertrude é uma
"escutem aqui!
eu não sou nenhuma idiota
eu sei muito bem q na vida cotidiana
ninguém sai por aí dizendo:
'... é uma... é uma... é uma...'
sim
eu não sou nenhuma idiota
mas eu penso q nessa linha
a rosa está vermelha
pela primeira vez
na poesia inglesa
em cem anos"

lançadora de manias
("starter of crazes")?
talvez
mas suas manias
duraram mais
do q duram as manias
e sua loucura
tem uma coerência
e uma limpidez
q não encontramos
nos brilharecos automatistas
de tantos surrealistas.

181

em termos pignatarianos
ela é linguagem
enquanto os surrealistas
(q marxfreudizaram dadá)
são muito mais língua
além de posteriores

joyce e gertie
respondem quase q sozinhos
na 1ª metade do século
por uma prosa de significantes
(romances sem estória)
"as coisas importantes
escritas nesta geração
não contam uma estória"
diz gertrude

num artigo
publicado em 1959
gertrude stein e a melodia de timbres
traduzi dois fragmentos de suas peças
four saints in three acts (1927)
e *listen to me* (1938)
vale a pena relembrá-los

em *four saints in three acts*
(cinco palavras de uma sílaba)
"an opera to be sung"
o uso dominante de monossílabos
cria verdadeiros blocos de moléculas sonoras
certos trechos parecem mais
a decupagem de uma partitura
onde a miúda permutação de palavras-sílabas
entre personagens
induz a uma
melodia de timbres

"um santo um verdadeiro santo
nunca faz nada
um mártir faz alguma coisa
mas um santo verdadeiramente bom
não faz nada
e assim eu queria ter quatro santos
q não fizessem nada
e eu escrevi os quatro santos em três atos
e eles não fizeram nada
e isso foi tudo" (*autobiografia de todo mundo*)

a música de virgil thomson
com seus propositados clichês e lugares-comuns
de gregoriano a exército da salvação
é a de um satie norte-americano
q consegue captar com grande eficácia
os valores prosódicos do texto
a ópera foi apresentada
pela primeira vez em 1934
(um ano antes da estreia de *porgy and bess*)
por um elenco de cantores negros
q se apaixonaram pelo texto
sem entendê-lo
e portanto o entenderam

gertrude stein não ouviu
le testament de villon
a ópera de ezra pound
extraordinária proeza musical
provençal-futurista
em cuja orquestração robert hughes vê
uma modalidade de *klangfarbenmelodie*
mas virgil thomson a assistiu
em paris (salle pleyel) em 1926
e recordou-a anos mais tarde:
"não era exatamente a música de um músico

mas era talvez a mais bela música de poeta
desde thomas campion"

gertie e pound
convergem
nos textos de john cage
as "conferências" e o longo poema(?)
diário: como melhorar o mundo
(*você só tornará as coisas piores*)
parcialmente incluído em *a year from monday*
(de segunda a um ano)

os monossílabos
voltaram a obcecar gertrude em *listen to me*
"eu pretendia escrever todo um livro
sobre palavras de uma sílaba
numa peça q acabo de escrever
listen to me
continuo pensando em palavras de uma sílaba
é natural escrever poemas com palavras
de uma só sílaba
e algumas vivem com palavras de três letras
e outras vivem com palavras de quatro letras"
e/ou:
"eu direi em palavras de uma sílaba
tudo o q há para dizer
não muito bem mas tão bem
e assim não houve pano
pano
é uma palavra de duas sílabas"

elizabeth sprigge
conta q as últimas palavras de gertrude
foram
"qual é a resposta?"
e como ninguém respondesse:
"então qual é a pergunta?"

marcel duchamp disse:
"não há solução
porque não há problema"
e flaubert, antes:
"a imbecilidade
consiste
em querer concluir"

GERTRUDE STEIN (1874-1946)

FROM *FOUR SAINTS IN THREE ACTS*

Scene X

When.

Saint Therese. Could Four Acts be when four acts could be ten Saint Therese. Saint Therese Saint Therese Four Acts could be four acts could be when when four acts could be ten.
Saint Therese. When.
Saint Settlement. Then.
Saint Genevieve. When.
Saint Cecile. Then.
Saint Ignatius. Then.
Saint Ignatius. Men.
Saint Ignatius. When.
Saint Ignatius. Ten.
Saint Ignatius. Then.
Saint Therese. When.
Saint Chavez. Ten.
Saint Plan. When then.
Saint Settlement. Then.
Saint Anne. Then.
Saint Genevieve. Ten.
Saint Cecile. Then.
Saint Answers. Ten.
Saint Cecile. When then.
Saint Anne.
Saint Answers. Saints when.
Saint Chavez. Saints when ten.
Saint Cecile. Ten.
Saint Answers. Ten.
Saint Chavez. Ten.
Saint Settlement. Ten.
Saint Plan. Ten.
Saint Anne. Ten.
Saint Plan. Ten.
Saint Plan. Ten.
Saint Plan. Ten.

DE QUATRO SANTOS EM TRÊS ATOS

Cena X

Se.

Santa Teresa. Poderiam ser Quatro Atos se quatro atos pudessem ser dez Santa Teresa. Santa Teresa Santa Teresa Quatro Atos poderiam ser quatro atos poderiam ser se se quatro atos pudessem ser dez.
Santa Teresa.   Se.
São Fundamento.   Quer.
Santa Genoveva.   Se.
Santa Cecília.   Quer.
Santo Inácio.   Quer.
Santo Inácio.   Se.
Santo Inácio.   São.
Santo Inácio.   Dez.
Santo Inácio.   Quer.
Santa Teresa.   Se.
São Chávez.   Dez.
São Plano.   Quer se.
São Fundamento.   Quer.
Santana.   Quer.
Santa Genoveva.   Dez.
Santa Cecília.   Quer.
Santa Resposta.   Dez.
Santa Cecília.   Se quer.
Santana.
Santa Resposta.   Santos se.
São Chávez.   Santos se dez.
Santa Cecília.   Dez.
Santa Resposta.   Dez.
São Chávez.   Dez.
São Fundamento.   Dez.
São Plano.   Dez.
Santana.   Dez.
São Plano.   Dez.
São Plano.   Dez.
São Plano.   Dez.

FROM *LISTEN TO ME*

Fourth Act. And what is the air.
Fourth Act. The air is there.
Fourth Act. The air is there which is where it is.
              Kindly notice that is all one syllable and therefore useful. It makes no feeling, it has a promise, it is a delight, it needs no encouragement, it is full.
Fourth Act. The air is full
Fourth Act. Of course the air is full
Fourth Act. Full of what
Fourth Act. Full of it.
Fourth Act. The air is full of it
Fourth Act. Of course the air is full of it.
Fourth Act. Of course
Fourth Act. The air
Fourth Act. Is full
Fourth Act. Of it.

DE ESCUTE AQUI

Quarto Ato. E o que é o ar.
Quarto Ato. O ar é lá.
Quarto Ato. O ar é lá no que há no ar.
                Por gentileza observem que tudo é de uma só sílaba e pois útil. Não produz sentimento, contém uma promessa, é um prazer, não necessita de estímulo, é só.
Quarto Ato. O ar é só.
Quarto Ato. Sim o ar é só.
Quarto Ato. Só de que.
Quarto Ato. O ar é só de ar.
Quarto Ato. Sim o ar é só de ar.
Quarto Ato. Sim
Quarto Ato. O ar
Quarto Ato. É só
Quarto Ato. De ar.

*duchamp:
o
lance
de
dadá*

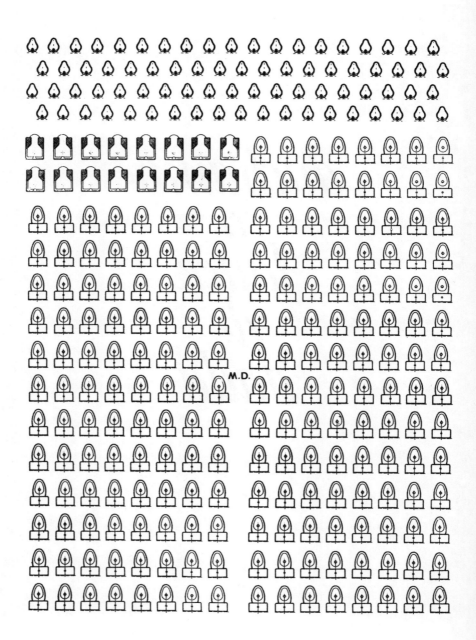

DUCHAMP: O LANCE DE DADÁ

marcel duchamp é um nome bem conhecido
mas poucos conhecem bem marcel duchamp
muitos fizeram duchamp sem saber q o estavam fazendo
(eu também)
mas como poderíamos saber?
duchamp é o maior *inventor* anônimo do século
aos poucos
ele foi sendo desenterrado:
debaixo da montanha picassiana
sob o brilhante arabesco dos klees ou kandinskys
sob os cristais perfeitos de mondrian
lá estava ele
intacto
no meio do refugo e dos detritos

só agora
se pode ter a perspectiva
do que significou o seu silêncio
levantado na última década
no *marcel duchamp* de robert lebel
q só teve larga difusão
depois da 2ª edição americana em paperback 1967
(a 1ª, francesa, de 1959, só teve 137 exemplares!)
e completado há poucos anos
em THE COMPLETE WORKS OF MARCEL DUCHAMP
de arturo schwarz
(1ª ed. 1969 – 2ª ed. revista 1970)
volumoso volume de 630 págs
com cerca de 780 ilustrações (só 75 em cores)

e o catálogo integral das obras de duchamp
com 421 itens

revisto agora
"tel qu'en lui-même"
desencarnado de dadá
livre da maquilagem surrealista
duchamp revolve a mallarmé
e não me digam q vejo mallarmé em tudo
lebel johncage octaviopaz (e o próprio duchamp)
também o viram

duchamp (*declarações*, 1946):
"rimbaud e lautréamont me pareciam velhos demais
naquela época (1911)
eu queria algo mais jovem.
mallarmé e laforgue estavam mais próximos do meu gosto."
e
"minha biblioteca ideal
conteria todos os escritos de roussel
— brisset, talvez lautréamont e mallarmé.
mallarmé era uma grande figura."

robert lebel (1959):
" ... duchamp é parco em matéria de palavras
e procura o máximo de precisão. a linha-chave.
é portanto a mallarmé
e à sua concisão hermética,
mais q a roussel, a brisset ou mesmo a lautréamont
(cujas obras ele conhecia bem)
q ele se relaciona por seu frio lirismo
iluminado pelo uso de termos-chave
como *enfant-phare* (en fanfare)."

lebel outra vez:
"lamentamos
q no seu inventário das *máquinas dos celibatários*
michel carrouges tenha olvidado

o texto q elipticamente os define a todos:
un coup de dés jamais n'abolira le hasard."

john cage (*26 statements re duchamp*, 1963)
anota simplesmente:
"duchamp mallarmé?"

nas pegadas de lebel, afirma octavio paz (1966):
"o antecedente direto de duchamp
não está na pintura mas na poesia: mallarmé.
a obra gêmea do *grande vidro* é *un coup de dés.*"

mais do q uma aproximação direta entre essas obras
é a vida-obra de duchamp
q me parece cumprir
todo um desígnio mallarmaico
*sem presumir do futuro
o que sairá daqui:
nada ou quase uma arte*
um projeto global nos limites extremos
entre arte e não arte

como WEBERN e CAGE
fumando em silêncio
a música do século

MONDRIAN/MALIÉVITCH de um lado
MARCEL DUCHAMP do outro
do quadrado branco ao branco do quadro
ao quadro em branco
no limite do não ou do nada
são
– verso e reverso da mesma moeda –
a bifurcação necessária
do tronco mallarmaico

marcellarmé du champ des champs
coup de pied pour le coup de dés
o lance de dadá do lance de dados

o lema de duchamp
era ÉCHECS
palavra francesa
q significa ao mesmo tempo
"fracassos" e "xadrez"

outro lema
NÃO REPETIR
apesar do bis

a lenda (verdadeira) de duchamp
é mais ou menos conhecida:
parisiense na américa
(como varèse, profeta em terra alheia)
depois de ficar célebre
com o cubo-futurista *nu descendo uma escada*
exposto na "armory show" em 1913
virou a mesa das artes
com os seus "ready-mades":
roda de bicicleta (1913)
fonte (1917):
um vaso sanitário invertido
L.H.O.O.Q. (ler: "elle a chaud au cul")
reprodução da gioconda + barba e bigode (1919)
(e outros)

em 1923
aos 35 anos
abandonou de vez a pintura

nesse ano
deu por definitivamente in-terminado
o monumental quadro-objeto
no qual trabalhou oito anos
a noiva desnudada por seus celibatários, mesmo
ou *o grande vidro*
(quebrado em 1931, reparado em 1936,
rachaduras-acaso incorporadas)

desse mesmo ano (1923)
significativamente
é o ready-made (hoje tão imitado) WANTED
cartaz-anúncio de um bandido procurado pela polícia
onde duchamp apôs as suas fotos (de frente e de perfil)
acrescentando ao nome e pseudônimos do procurado:
"também conhecido sob o nome de RROSE SÉLAVY"

o artista desaparecia
em seu lugar um heterônimo feminino
RROSE SÉLAVY (implicando: *arrose, c'est la vie*
e *éros, c'est la vie*)

com esse nome passou a assinar
muitas de suas criações a partir de então

sexhumor mick jagger caetano veloso alice cooper?
duchamp já estava lá
em 1921 posou pintado e maquilado como RROSE SÉLAVY
para a câmara de man ray
foto-base de uma colagem usada como rótulo
do perfume ready-made
BELLE HALEINE – EAU DE VOILETTE
(alteração de BELLE HELÈNE – EAU DE TOILETTE)
trompe l'oeil do sexo
travesti travisto
inversão da inversão
contra-homenagem
à gioconda andrógina q hominizara com barba e bigode
(anos mais tarde
ele restituiria a gioconda à gioconda
num ready-made de ready-made:
L.H.O.O.Q. barbeada, 1965)

john lennon e yoko ono nus em capa de disco?
ele também já estava lá
posou nu para uma foto representando adão (com eva)

numa sequência do balé
rélache de satie em 1924
(é espantoso como duchamp já estava lá antes)

e aí está
um irmão gêmeo musical
erik satie
satierick
como o chamou picabia
músico? não. "fonometrógrafo".
do music hall
à *música de mobiliário*

nos anos q se seguiram
aparentemente
duchamp era apenas um homem
q fumava cachimbo e jogava xadrez

tentou também um processo matemático de ganhar na roleta
queria transformar
o acaso em *échec*
FRACASO
lance mallarmaico, já se vê:
"creio q eliminei a palavra *acaso* —
gostaria de forçar a roleta
a se tornar um jogo de xadrez.
como você vê, eu não parei de pintar
agora faço projetos sobre o acaso"

fez um empréstimo de 15 000 francos
divididos em obrigações de 500 francos
a juros de 20%.
nos títulos, emitidos pelo próprio duchamp
e endossados por RROSE SÉLAVY,
o rosto dele coberto de creme de barbear
os cabelos formando dois cornos de fauno ou demônio
e emoldurados pelos números da roleta
sobre um fundo com as palavras

MOUSTIQUES DOMESTIQUES DEMISTOCK
(semistock de mosquitos domésticos)
impressas centenas de vezes
data de emissão: 1 de novembro de 1924
tudo acabou em ready-made
sem perdas ou ganhos

cessou a "pintura"
mas a criação não cessou
ficou só criação
acima e além dos cavaletes e do material pictórico
duchamp pignatari:
"o poeta é um designer da linguagem"
sem q ninguém se desse conta
continuou produzindo
quadros? não.
coisas.
objetos achados. trocadilhos. peças de xadrez.
objetos.
achados.
sua produção sempre rara
fixou-se de modo geral em duas linhas:
os ready-mades
e as pesquisas ópticas.
rigoroso, reduziu o número de ready-mades
a dois ou três por ano —
entre as suas notas se encontra
esta autoprescrição:
"limitar o número de ready-mades anualmente"

dos discos ópticos
precursores da op art
e mais significativos q ela
o primeiro data de 1920 (new york):
rotative plaque verre (*optique de précision*)
um aparelho com cinco pratos de vidro
pedaços de círculos concêntricos

girando em torno de um eixo de metal
e formando círculos contínuos
quando vistos à distância

depois veio
rotative demi-sphère (optique de précision), 1925
semiesfera com espirais brancas em fundo negro
presa a um disco em cujas bordas está escrito
RROSE SÉLAVY ET MOI ESQUIVONS LES ECCHYMOSES
DES ESQUIMAUX AUX MOTS EXQUIS
ou em tradução trocadilhesca:
rrose sélavy e eu esquivamos as equimoses
dos esquimaus de maus esquis
(semiesfera e discos giram juntos
movidos por um pequeno motor elétrico)
essa técnica foi desenvolvida ao máximo
em ANEMIC CINEMA (1925-26)
sequência de 10 discos contendo círculos excêntricos
q em movimento
produzem a ilusão de espirais em profundidade
esses discos são alternados com 9 outros
contendo inscrições espiraladas
do tipo da anterior, como:
BAINS DE GROS THÉ POUR GRAINS DE BEAUTÉ
SANS TROP DE BENGUÉ

trompe l'oeil
trompe l'oreille
para uma óptica de precisão
um ótica de precisão
opto-oto-objetos
colhendo a invenção
no trânsito inesperado
do verbal ao não verbal

uma nova sequência de discos (agora em cores)
veio em 1935

rotoreliefs
para serem colocados num toca-discos.
discopteca.
instruções:
"estes discos, girando a uma velocidade de 33 rotações,
darão impressão de profundidade
e a ilusão de óptica
será mais intensa
com um olho
do q com dois"

a "optique de précision" de duchamp
na sua neutralidade geométrica
(como os ready-mades
no avesso semântico)
responde ao distanciamento q ele quer ter
da "pintura"

conta h.p. roché
q duchamp expôs os rotorrelevos
ao grande público
num pequeno "stand"
entre as invenções do "concours lépine"
junto à porta de versalhes
ninguém prestou atenção
o público só se interessava pelas utilidades
domésticas
e ele perdeu longe
para os liquidificadores e incineradores de lixo.
no fim de tudo
duchamp sorriu e disse:
"erro, 100%.
ao menos tudo está claro".

como descrever as outras invenções de duchamp?
tudo aparentemente nada:
designs designs designs
esboços projetos de projetos

recodificações de trabalhos anteriores
layouts para catálogos capas de livros
como a capa-letra
para uma edição do *UBU roi* de jarry (1935)
em que cada U toma conta de uma capa
e o B toma conta da lombada
ou a capa-corpo
para uma exposição surrealista:
um seio de borracha, tamanho natural
(na contracapa: *prière de toucher*)
ou a capa-poema
para o catálogo *le dessin dans l'art magique* (1958)
com o núcleo central MAGES
cercado das sílabas I - DOM - FRO - RA - PLU - HOM -
de modo a formar
IMAGES DOMAGES FROMAGES RAMAGES PLUMAGES HOMMAGES
explorações ambientais:
a porta q abre um quarto e fecha outro
porte: 11, rue larrey (1927)
(trocadilho visual)
as vitrinas e decorações
(armadilhas visuais)
para as exposições surrealistas de 1938 e 1942
(mas nunca foi surrealista
era grande demais
para surrealistar-se)

paradoxo:
ninguém como ele
se desligou tanto da ideia de "obra"
ninguém como ele
organizou tanto a própria obra

a *caixa numa valise* (1941)
contendo réplicas-miniaturas e reproduções em cores
é um museu portátil

das invenções de duchamp
e talvez
presque un art
o livro do futuro

não sei se já se avaliaram
em toda a extensão
as consequências
das incursões pan-semióticas
do duchamp poeta
no campo da pintura
e do duchamp designer
no campo da poesia

unindo signos
verbais e não verbais
num mesmo design
duchamp-designer-poeta
fez da palavra a pólvora
apta a detonar
o seu crítico
objet-dard
como mallarmé
ele optou muitas vezes
pelo trocadilho por homofonia
ou para usar a fórmula de freud
("o chiste e sua relação com o inconsciente", 1905)
condensação
sem formação de substitutivos:
a) similicadência – "rousseau / roux sot"
b) duplo sentido – "c'est le prémier VOL (voo/roubo)
de l'aigle"
(exemplos de freud)

em mallarmé
sem contar as rimas autodevorantes
("vers/envers/divers/hivers")
encontramos

particularmente nos *vers de circonstance*
q o humor libera
as rimas similicadentes
"des champs / Deschamps"
"L'ire / lire"
"Qu'est-ce? / caisse"
"condense / qu'on danse"
"vis-à-vis / avis"
"l'une / lune"
"rit à / Rita"
"Et,va / Eva"
"On trouve ici, bonheurs que j'énumère
La grande mer avec petite mère"
e em geral, por toda parte,
as rimas homófonas e homógrafas:
"coupe" (copa) "coupe" (corta)
"fin" (fino) "fin" (fim)
"nue" (nua) "nue" (nuvem)
unificadas no *lance de dados*
numa única célula vocabular:
"LEGS (fr.: legado/ingl.: pernas)
en la disparition"

duchamp
q se intitula
não pintor (*peintre*)
mas tintor (*teintre*)
faz títulos-poemas ou troca-títulos
trocadilhos por similicadência:
além dos já citados
citemos entre tantos
M'AMENEZ-Y
(ma amnesie)
PIS QU'HABILLA
(picabia)
LITS ET RATURES
(littérature)

aqui provavelmente inspirado por mallarmé
"le sens trop précis rature
ta vague littérature"

ou soma-suma
tudo
num duplo sentido
brotando de uma só palavra
ÉCHECS

mas também como joyce
marcel duchamp
marchand du sel
usa nos seus discos-dísticos
digamos nos seus DIStiCOS
(e em outros títulos)
trocas entre vocábulos
provocando
a súbita surpresa
da informação nova
em curtos-circuitos vocabulares:
L'ENFANT QUI TÈTE EST UN SOUFFLEUR DE CHAIR CHAUDE
QUI N'AIME PAS LE CHOU-FLEUR DE SERRE CHAUDE

não satisfeito
com o duplo sentido
ele vai ao triplo sentido
acrescentando o ícone
ao trocadilho verbal
ou este àquele
e jogando com eles

é o q arturo schwarz chama de
"three-dimensional pun":

FRESH WIDOW (copyright rrose sélavy 1920):
o título-trocadilho
deste semi-ready-made (miniatura de uma janela)
leva através do objeto-imagem
à expressão FRENCH WINDOW
q é o parceiro verbal oculto do trocadilho

NOUS NOUS CAJOLIONS (1925):
o desenho
(colado em parte sobre a foto de grafitti
de um lavatório público)
mostra uma ama ("nounou")
diante de uma jaula de leões ("cage aux lions")

OBJET DARD (1951):
escultura (um pedaço de molde
forma fálica)
ao mesmo tempo
objeto-dardo
e *objet-d'art*

em *morceaux choisis d'après courbet* (1968)
o trocadilho tridimensional
é sem palavras:
desenho abreviado
da "mulher com meias brancas" de courbet
tendo abaixo o desenho de um falcão
q deflagra um equívoco fonopictográfico
entre "faux con" e "faucon"

em *renvoi miroirique* (1964)
poema-desenho num conjunto de três folhas
o trocadilho tridimensional
adquire uma nova dimensão
física:
o esboço da "fonte"
(o vaso sanitário invertido)
tem acima as frases

UN ROBINET ORIGINAL REVOLUTIONNAIRE
          "RENVOI MIROIRIQUE"?
e abaixo a frase

UN ROBINET QUI S'ARRETE DE COULER QUAND
ON NE L'ECOUTE PAS

na 2ª folha
as mesmas frases reaparecem com omissão de algumas
letras:
  N   OB   ET R GINAL   EVOLUTIONNAIRE
           "RENVOI MIROIRIQUE"?

  N   OB   ET QUI S'ARRETE DE COULER QUAND
ON NE L'ECOUTE PAS

na 3ª folha
as letras q faltam
nos pontos em q foram omitidas:
U   R   IN   O I   R
e
U   R   INE

o próprio título contém disseminada
em reversão anagramática
a palavra URINE

            "RENVOI MIROIRIQUE"
              EN   IR   U

processo q coincide
com a leitura dos anagramas dispersos
ou "paragramas"
como os chamou saussure
em sua última e mais ousada
aventura linguística
quando por exemplo via

CIRCE
no verso
"Comes est ItineRis illi CErva pede"

assim duchamp opera
o trânsito pan-semiótico
entre o verbal e o não verbal
guerrilheiro artístico
duchamp pontilhou seu caminho solitário
de obras-esfinges
q nos provocam
sob as mais diversas e despretensiosas camuflagens
monalisicamente ambíguas
como o seu autor

sua última obra
ou manobra guerrilheira
obra-environment
é a "escultura-construção"
étant donnés: 1. la chute d'eau / 2. le gaz d'éclairage
na qual trabalhou
20 anos em segredo
de 1946 a 1966:
em vez de um quadro
um quarto
onde não se pode entrar
mas q o espectador-voyeur-vidente é convidado a
espiar
por dois orifícios
no centro
de uma porta fechada

quarto-testamento
só tornado público em 1969
após a morte de duchamp
um "renvoi miroirique" figurativo
da abstrata *noiva desnudada por seus celibatários*

(como nota arturo schwarz)
dentro
uma mulher nua
tamanho natural
deitada
pernas grand'abertas
mão esquerda segurando uma lâmpada
iluminando o sexo exposto
escultura realista-ilusionista
em couro de porco e peruca
(bloqueada a visão da cabeça)
sobre um leito de galhos e folhas secas
reais
ao fundo
uma paisagem verdejante
óleo com técnica fotográfica
e uma falsa cascata
criada por um jogo de luzes
o último trompe l'oeil de duchamp
o seu enigma derradeiro
e o seu lance de dados
dados uma queda-d'água e um gás de iluminação
ENIGMA IMAGEN

do verbal ao não verbal
da não figura à figura
duchamp
desierarquizou a arte
o q interessa é a "descoberta"
o lance inventivo
q pode assumir as estratégias mais diversas
e não tem q se limitar
a compartimentos ou comportamentos
estanques
("a" literatura, "o" verso, "a" pintura)
nem ao "status" do suporte
(quadro, livro) em q a invenção é projetada

dados os dados
duchamp nos dá
uma opção-estratégia
aparentemente viável
ante o bloqueio massacrante
do dilúvio informativo
a ação na raiz das coisas
sem suportes aprioristicos:
um livro ou um vidro
uma capa ou um corpo
um postal ou um disco
um dado ou um vaso
um xeque ou um cheque
ou o silêncio
mas tudo ou nada
entre o visível e o invisível
o imprevisível
choque

cage:
chance:
change

CAGE: CHANCE: CHANGE

depois que pound morreu
o maior poeta vivo americano
talvez o maior poeta vivo
é um músico
JOHN CAGE
talvez porque não pretenda ser poeta
"eu estou aqui
e não tenho nada a dizer
e o estou dizendo
e isto é poesia"
diz cage
em sua *conferência sobre nada* (1949)
enquanto os poetas que pretendem dizer tudo
já não nos dizem nada

o seu *diário: como melhorar o mundo*
(*você só tornará as coisas piores*)
1965-1972
é o único poema longo consistente
escrito depois dos *cantos* de ezra pound
que consegui ler e amar
(absorveu ep sem imitá-lo
o que me parecia impossível)
poema?
talvez ele pretenda — como eu —
que isto seja prosa
se o for
é um dos poucos exemplos de prosa crítica
original quanto à própria linguagem

prosa ou poesia
reconcilia pound e gertrude stein
(outro impossível)
definição precisa e nonsense

john cage
"a figura mais paradoxal de toda a música contemporânea
o músico
com o qual muitos compositores pós-webernianos e eletrônicos
estão frequentemente em polêmica
sem poder subtrair-se à sua fascinação" (umberto eco)

nascido em los angeles em 1912
atravessou os seus 70 anos
continuando jovem
o que é quase incompreensível entre nós
onde a regra (ou a maldição)
é o envelhecimento precoce intelectual
como disse pignatari observando que volpi
é um dos raros artistas brasileiros
que não decaíram depois dos 40

aluno de henry cowell e de schoenberg
interessou-se desde cedo pelos instrumentos
de sons indeterminados
e pela música e filosofia orientais
mas também por artes gráficas e pintura
(ensinou na escola de design de chicago)
o que explica a invenção visual
de seus textos
e partituras

arnold schoenberg
(que lhe dava aulas de graça
sob uma única condição: devotar a vida
à música)
recriminou um dia o seu descaso pela harmonia

dizendo-lhe que para um músico
isso era o mesmo que defrontar-se com um
muro
o jovem cage lhe respondeu:
"nesse caso eu devotarei
a minha vida
a bater a cabeça nesse muro"

e foi o que ele fez
literalmente
passando a compor
música para percussão
sob a inspiração de *ionisation*
de edgard varèse
donde
first construction in metal (1937)
escrita só para percussão metálica
(gamelão, sinos, gongos, folhas de aço,
cilindros de freio de automóvel, bigornas, etc.)
onde aplica o princípio da *tala* hindu
música medida:
uma estrutura rítmica
baseada na duração
não das notas
mas dos espaços de tempo

em 1937 já dizia:
"enquanto no passado o ponto de discórdia
estava entre a dissonância e a consonância
no futuro próximo ele estará
entre o ruído
e os assim chamados sons musicais."

daí, para a invenção do
"piano preparado"
(um piano acondicionado com pedaços de metal
borracha e outros materiais entre as cordas

para alterar-lhe a sonoridade):
"uma orquestra de percussão para um único instrumento
e um único executante"
ou uma livre
"klangfarbenmelodie" (melodia de timbres)
que associa webern ao gamelão indonésio

de certa forma
cage
antecipou-se facticamente aos europeus
na compreensão do fenômeno webern:
no choque de silêncios
entre WEBERN e CAGE
— o europeu e o americano —
está capsulado
todo o futuro dilema da música
entre ordem e caos
(ver o meu profilograma nº 2
HOM'CAGE TO WEBERN
— o nº 1 fundia os perfis
de pound e maiakóvski)

bacanal (1938) foi a primeira peça para piano preparado
seguiram-se *amores* para p/p e percussão (1943)
sonatas e interlúdios para piano preparado (1946-48)
e *concerto para piano preparado* (1951)
entre outras

em 1939 compõe *paisagem imaginária nº 1*
proto-*musique concrète*
combinando gravações de frequências
pratos e cordas (de piano)

a atuação de cage nos anos 50
no auge da revolução concreto-eletrônica
foi fulminante
valorizado por boulez e schaeffer
por suas pesquisas no domínio da acústica

não se contentou em historicizar-se como profeta
preferiu intervir criativamente
mais novo do que os novos

a crítica crucial de cage
aos melhores músicos da geração
batizada de "pós-weberniana":
não faziam música *por causa* da música de webern
mas apenas música *depois* da música de webern
não havia nela nenhum traço de *klangfarbenmelodie*
nenhuma preocupação com a descontinuidade
— antes uma surpreendente aceitação
dos mais banais artifícios da continuidade

alguns remédios:
acaso e silêncio
"a música europeia poderia ser melhorada
com um pouco de silêncio"

reagindo contra o conceito de música
totalmente predeterminada,
levado às últimas consequências pelos jovens serialistas
pós-webernianos (boulez, stockhausen)
cage cria a "música indeterminada".
desde 1950 começara a desenvolver
a sua teoria da indeterminação em música
derivou-a do *i ching*
o clássico livro de oráculos chinês

mediante operações de acaso
a partir do *i ching* (livro das mutações)
compôs, em 1952, *music of changes* (música das mutações)
com sons e silêncios distribuídos casualmente

lançamento de dados ou moedas
imperfeições do papel manuscrito
passaram a ser usados em suas composições

que vão da indeterminação
à música totalmente ocasional. música?

em 1951
cage apresenta o primeiro "happening"
no black mountain college, em north carolina.
paisagem imaginária nº 4 (do mesmo ano)
compõe-se de 12 aparelhos de rádio
ligados ao acaso e simultaneamente
(a dinâmica, rigorosamente controlada)

em *4'33"* (1952)
um pianista entra no palco
toma a postura de quem vai tocar
e não toca nada
a música é feita pela tosse
o riso e os protestos do público
incapaz de curtir quatro minutos e alguns segundos de
silêncio

o silêncio sempre o interessou
(de fato, seu primeiro livro se chama
silence)
e nesse sentido ninguém entendeu melhor webern do que ele
por mais que os dois pareçam distantes
e embora para ele sob outro ângulo
o silêncio não exista:
"*there is no such thing as silence*"
"nenhum som teme o silêncio que o ex-tingue
e não há silêncio que não seja grávido de som"

dentro da câmara anecoica (à prova de som)
ele ouviu dois sons
um agudo
outro grave
o agudo era o seu sistema nervoso
o grave o seu sangue em circulação

o silêncio
ou "o 13º som"

ainda em 1952
outra inovação:
paisagem imaginária nº 5
a primeira composição de "tape music"
feita nos e.u.a.

em 1954 (em donaueschingen — reduto
dos serialistas europeus)
cage apresentou as composições
34'46.776" para dois pianos
e *williams mix* para 8 magnetofones ligados a alto-falantes
(as obras incluíam ruídos, gravações em fitas magnéticas
e inesperadas intervenções dos executantes)
stockhausen e boulez
passaram a incluir o acaso mais ou menos controlado
em suas composições
e foi aquele desbunde geral da música "aleatória"

cage continuou fazendo das suas:
a *ária* (1958) para soprano
tem uma curiosíssima notação
em curvas coloridas e interrompidas
que deixam livre à intérprete
a escolha de quaisquer estilos
(lírico, folclórico, jazz, canção napolitana, ópera, etc.)
além de toda a sorte de ruídos
(choro de bebê, ganido, gemido voluptuoso, etc.)
a *ária* pode ser tocada junto com *fontana mix*
mistura de vários teipes
atlas eclipticalis (1961-62) para 1 a 98 instrumentos
é uma transcrição das constelações do firmamento
tornadas legíveis sob a forma de notas

em HPSCHD (harpsichord)
para cravos e computadores
composta em 1967-69 em colaboração com lejaren hiller
teipes de sons eletrônicos microtonais produzidos em computador
são combinados a citações de vários compositores
e às valsas para cravo compostas ao lance de dados
atribuídas a mozart
tudo articulado por uma programação de computadores
com sistema numérico derivado do modelo digital do *i ching*
certos trechos da composição
foram gravados no canal da direita
outros no canal da esquerda
outros em ambos
de modo que o ouvinte pode alterar a composição
(aumentando, diminuindo ou eliminando algumas partes)
se acionar os botões do seu amplificador

para cage a música não é só uma técnica
de compor sons (e silêncios)
mas um meio de refletir
e de abrir a cabeça do ouvinte
para o mundo (até para tentar melhorá-lo
correndo o risco de tornar as coisas piores)

com sua recusa a qualquer predeterminação
em música
propõe o imprevisível como lema
um exercício de liberdade
que ele gostaria de ver estendido à própria vida
pois "tudo o que fazemos"
(todos os sons, ruídos e não sons incluídos)
"é musica"

por exemplo cogumelos
música e cogumelos
music and mushrooms
duas palavras casualmente próximas no dicionário (inglês)

cage ganhou um concurso tipo céu-é-o-limite
na tv italiana
respondendo sobre cogumelos
(e improvisando concertos com panelas de pressão)

bem entendido
ele não tem nada a ver com drogas
interessam-lhe os cogumelos comestíveis
"marcel duchamp aprendeu
e eu também
através da filosofia indiana
que algumas vezes você usa o acaso
e outras, não.
os cogumelos são uma dessas ocasiões
em que você não pode usar o acaso
porque você corre o risco de se matar"

o acaso é também (segundo cage)
uma forma de disciplina do ego
para libertar-nos de nossos gostos e preferências
permitindo-nos experimentar coisas de que não gostamos
e mudar nossa mente

acaso e mudança
por acaso
a palavra CAGE
está contida na palavra CHANGE
que pode ser vista
como uma casual mudança da palavra CHANCE

depois de ter levado a música
ao limite da entropia
e ao silêncio
cage parecia ter perdido o interesse em compor

em 1961 apareceu
SILENCE

o primeiro de uma série
inclassificável
de livros-mosaicos
com artigos manifestos conferências
pensamentos aforismos
anedotas exemplares (koans)
depois dele foi a vez de
A YEAR FROM MONDAY
(de segunda a um ano)
1967
o segundo compêndio da visão
anarco-musical
de cage

segue-se
M (1973)
reunindo escritos de 1967-72
e incluindo mais uma série do *diário*:
como melhorar o mundo, etc.
(o título M foi escolhido
sujeitando as 26 letras do alfabeto
a operações de acaso baseadas no *i ching*
segundo cage
qualquer outra letra serviria
embora M seja a 1ª letra
de muitas palavras e nomes
de seu interesse:
de "mushrooms" a "music"
de marcel duchamp e merce cunningham
a marshall mcluhan e mao tsé-tung)

o último livro dessa linhagem
é EMPTY WORDS (palavras vazias)
1979
nele aparecem mais fragmentos do *diário*
no prefácio cage afirma que
em 1973

recomeçou o diário
(X: WRITINGS '79-'82, 1983)
mas não conseguiu concluí-lo:
"sou um otimista
essa é a minha 'raison d'être'
mas as notícias diárias
de certo modo
me deixaram mudo"

os livros de cage
são
inovadores e imprevisíveis
como a sua música
em todos eles
há uma mistura
aparentemente disparatada de eventos
cage não fala só de música
mas de ecologia política zen-budismo
cogumelos economia e acontecimentos triviais
extraindo poesia de tudo e de nada
um mosaico de ideias citações e estórias
os textos se apresentam
em disposições gráficas personalíssimas
indo desde o uso de uma IBM com grande
variedade de tipos
até a combinação de numerosas
famílias de letraset
dos signos desenhados para indicar
pausas e ruídos
como a respiração e a tosse
até as tonalidades reticulares das letras

a mesma criatividade visual
que ele aplica às suas partituras
e obras plásticas
como a série de objetos-poemas
– "plexigramas" –
que (de parceria com calvin sumsion)

realizou em 1969
sob o título
not wanting to say anything about marcel duchamp
(não querendo dizer nada sobre marcel duchamp)

cage se diz interessado na "linguagem sem sintaxe"
(o que o aproxima da poesia concreta)
citando norman o. brown
"a sintaxe é a estrutura do exército"
e thoreau
"quando ouço uma sentença
ouço pés marchando"
afirma que se tornou
um devoto da linguagem "desmilitarizada"
não sintática
e compõe poemas nonsense-visuais
super-e-ou-justapondo
palavras/sílabas/letras
escolhidas ao acaso
entre dezenas de alfabetos de letraset:
os "mesósticos"

mas seria ingênuo tabelá-lo
com os rótulos de "antiarte" ou "antimúsica"
ele diz não acreditar que a arte deva ser abandonada
e que a ausência de um objetivo material para a arte
a utilidade do inútil
é uma boa notícia para os artistas:
"a árvore que dava a melhor sombra de todas
era muito velha e nunca fora cortada
porque a sua madeira era considerada imprestável"
(chuang-tsé)

um fanático discípulo de cage
o compositor e videoartista nam june paik
cujas obras conversas apresentações atos cotidianos
divertem deliciam chocam e às vezes aterrorizam

224

ao próprio cage
disse-lhe um dia:
"por que não destruir todas as partituras e fitas
antes de morrer e deixar para a história da música
apenas uma linha:
'aqui viveu um homem chamado john cage'?"
resposta de cage:
"muito dramático"

felizmente para nós
ele não cessou de compor
nem de escrever:
depois de HPSCHD
(iniciada no mesmo ano em que
saiu A YEAR FROM MONDAY)
criou muitas outras obras

em 1969 começou a compor
cheap imitation
(imitação barata)
leitura para piano (com operações de acaso)
de "socrate" de satie
depois vieram
musicircus (1970) obra multimídia
bird cage – gaiola de pássaro e de cage (1972)
renga with apartment house 1976
composta em homenagem ao bicentenário
da independência norte-americana
misturando orquestra
solos vocais e instrumentais
melodias populares hinos protestantes cantos
de peles-vermelhas
acompanhados da projeção de 361 desenhos
extraídos dos "diários" de thoreau
(apresentada por seiji osawa em boston
e por boulez em nova york
a obra provocou o maior êxodo de público

durante um concerto nos últimos 25 anos
segundo o comentarista allen hughes)
a john cage reader
livro-homenagem aos 70 anos de cage (1982)
registra outras tantas composições
parando provisoriamente em
postcard from heaven
(postal do céu) para 20 harpas

ultimamente cage vem dedicando
muitos trabalhos ao "finnegans wake"
o mais radical e o mais musical
dos livros de joyce
em 1942 já musicara
um pequeno trecho dessa obra
the wonderful widow of 18 springs
(a maravilhosa viúva de 18 primaveras)
para voz e piano fechado (sic)
numa de suas novas incursões
criou uma série de "mesósticos"
sobre o nome de james joyce
pescado aleatoriamente do texto
(*writing through finnegans wake*, 1978)
numa outra viagem
escavou sons e ruídos para o seu
roaratorio, an irish circus on finnegans wake (1981)
e ele ainda promete um
atlas borealis com as 10 trovoadas
sobre as 10 palavras de 100 letras
que atravessam o livro
("a fala do trovão")

não é preciso concordar com cage para amá-lo
(os cagistas são geralmente chatos:
traduzem demasiado literalmente as suas ideias)
mas não é possível contornar cage

ele está ali
inviável objeto
objetando

inspirado na melhor tradição norte-americana
a da desobediência civil e da não violência
de thoreau a martin luther king
esse compositor rebelde
é um notável compósito
de anarquista e construtivista
músico-poeta-designer-pensador
profeta-guerrilheiro da arte interdisciplinar
da música à poesia
da dança ao vídeo
do teipe à vida

na era do pós-tudo
em pleno musicaos de produssumo
os livros de cage
como a sua própria música
são um *i ching* de ideias e invenções
que nos fornecem
se não as respostas que procuramos
ao menos um novo estoque de perguntas
para nos abalar e rebelar

HAPPY NEW EAR
feliz anouvido novo (YEAR/EAR trocadilho intraduzível)
NEW MUSIC : NEW LISTENING
ou em canibalês brasileiro:
ouvidos novos para o novo
ouvir com ouvidos livres
a música está ao seu redor
por dentro e por fora
é só usar os ouvidos

JOHN CAGE

From LECTURE ON NOTHING

I am here	,	and there is nothing to say		
those who wish to get	somewhere		.	If among you are
any moment	.			let them leave at
silence		but what silence requires		is
	is	that I go on talking	.	
				Give any one thought
	a push		:	it falls down easily
;	but the pusher	and the pushed		pro-duce that enter-
	called	a dis-cussion	.	
tainment		Shall we have one later	?	
		§		
Or	,	we could simply de-cide		not to have a dis-
cussion	.		What ever you like	. But
now		there are silences		and the
words		make	help make	the
silences			I have nothing to say	
	and I am saying it			and that is
poetry		as I need it		

228

De CONFERÊNCIA SOBRE NADA

Eu estou aqui , e não há nada a dizer .
Se algum de vocês
quiser ir a algum lugar , pode sair a
qualquer momento . O que nós re-queremos é
silêncio ; mas o que o silêncio requer
é q eu continue falando .
Dê ao pensamento de alguém
um empurrão : ele cai logo
; mas o q empurra e o empurrado pro-duzem esse entre-
tenimento chamado dis-cussão .
Vamos ter uma daqui a pouco?
§
Ou , podemos de-cidir não ter uma dis-
cussão . Como vocês quiserem . Mas
agora há silêncios e as
palavras fazem ajudam a fazer os
silêncios .
Eu não tenho nada a dizer
e o estou dizendo e isto é
poesia como eu quero

NOTA INFORMATIVA

Os textos que integram este livro foram publicados originalmente nos jornais, revistas ou livros a seguir indicados:

1 – "Dante: Um corpo que cai" (com a tradução do Canto V), Folhetim, *Folha de S.Paulo*, 3 jul. 1986.
Fragmento do Canto I, suplemento literário de *O Estado de S. Paulo*, 14 jun. 1969.

2 – "John Donne, 72" (1ª versão do estudo "John Donne: O dom e a danação", com a tradução do poema "The Flea" / A Pulga)
Suplemento Literário *Minas Gerais*, Belo Horizonte, 7 out. 1972.
"John Donne: O dom e a danação" / "Donne em Dobro"
John Donne: O dom e a danação, Florianópolis, Noa-Noa, 1978 e 1980 (compreendendo todo o material deste livro referente a Donne).

3 – "Arte final para Gregório"
Bahia-Invenção: Antiantologia da poesia baiana, Salvador, 1974.

4 – "A língua do pó, a linguagem do poeta"
Suplemento Literário *Minas Gerais*, Belo Horizonte, 13 abr. 1974.
Revista *Código* nº 4, Salvador, ago. 1980.

5 – "O difícil anonimato"
Revista *José* nº 5/6, Rio de Janeiro, nov.-dez. 1976.
"Emily: O difícil anonimato"
Folhetim nº 483, *Folha de S.Paulo*, 11 maio 1986.

6 – "Lewis Carroll: Homenagem ao nonsense"
Suplemento Literário de *O Estado de S. Paulo*, 18 jul. 1971.
"Homenagem ao nonsense"
Suplemento Literário *Minas Gerais*, Belo Horizonte, 3 mar. 1973.

7 – "Reverlaine e Mallarmé Sobrinho"
Suplemento Literário de *O Estado de S. Paulo*, 22 ago. 1971.
"Reverlaine"
Balanço da bossa e outras bossas, Perspectiva, São Paulo, 1974.

8 – "América Latina: Contra-boom da poesia"
Revista *Qorpo Estranho* nº 2, São Paulo, set.-dez. 1976.

9 – "Gertrude é uma Gertrude"
Suplemento Literário *Minas Gerais*, Belo Horizonte, 20 jul. 1974.
Revista *Através* nº 3, Livraria Duas Cidades, São Paulo, 1979.

10 – "Marcel Duchamp: O lance de dadá"
Revista *Polem*, Rio de Janeiro, 1974.
Reduchamp (com Julio Plaza), Edições S.T.R.I.P., São Paulo, 1976.

11 – "Cage: Chance: Change"
Suplemento Literário *Minas Gerais*, Belo Horizonte, 20 jul. 1974.
Revista *Colóquio Artes* nº 20, Lisboa, dez. 1974.
Revista *Através* nº 1, Livraria Duas Cidades, São Paulo, 1976.
De segunda a um ano (tradução de *A Year From Monday*, por Rogério Duprat, com revisão de Augusto de Campos), Hucitec, São Paulo, 1985, pp. IX-XXIII.

OBRAS DO AUTOR

POESIA

O REI MENOS O REINO, São Paulo, edição do autor, 1951.
AD AUGUSTUM PER ANGUSTA e O SOL POR NATURAL, na revista-livro "Noigandres nº 1", 1952.
POETAMENOS (1953), 1ª edição na revista–livro "Noigandres" nª 2, fevereiro de 1955, São Paulo, edição dos autores; 2ª edição, São Paulo, Edições Invenção, 1973.
ANTOLOGIA NOIGANDRES (com Décio Pignatari, Haroldo de Campos, Ronaldo Azeredo e José Lino Grünewald), São Paulo, Masao Ohno, 1962.
LINGUAVIAGEM (cubepoem), limited edition of 100 copies, designed by Philip Steadman, Brighton, England, 1967, e na versão original, edição do autor, São Paulo, 1970.
EQUIVOCÁBULOS, São Paulo, Edições Invenção, 1970.
COLIDOUESCAPO, São Paulo, Edições Invenção, 1971; 2ª edição, São Paulo, Amauta, 2006.
POEMÓBILES (1968–74), poemas-objetos, em colaboração com Julio Plaza, São Paulo, edição dos autores, 1974; 2ª edição, São Paulo, Brasiliense, 1985; 3ª edição, Selo Demônio Negro/ Annablume, 2010.
CAIXA PRETA, poemas e objetos-poemas em colaboração com Julio Plaza, São Paulo, edição dos autores, 1975.
VIVA VAIA (Poesia 1949–79), São Paulo, Duas Cidades, 1979; 2ª edição, São Paulo, Brasiliense, 1986. 3ª edição, revista e ampliada e com CD. Ateliê Editorial, 2001; 4ª edição, 2008.
EXPOEMAS (1980–85), serigrafias de Omar Guedes, São Paulo, Entretempo, 1985.
NÃO, poema–xerox, edição do autor, 1990.
POEMAS, antologia bilíngüe, a cargo de Gonzalo M. Aguilar, Buenos Aires, Instituto de Literatura Hispano-americana, 1994. 2ª ed. ampliada, Buenos Aires, Gog y Magog Ediciones, 2012 e 2014.
POETAMENOS, edição, tradução e notas y notas por Gonzalo Aguilar ye Gerardo Jorge., Diecciones y Document-art, Buenos aires, 2014.
DESPOESIA (1979-1993), São Paulo, Perspectiva, 1994.
POESIA É RISCO (CD-livro), antologia poético–musical, de *O Rei Menos o Reino* a *Despoemas*, em colaboração com Cid Campos, Rio de Janeiro, Polygram, 1995. 2ª edição, com acréscimos. Selo Sesc, 2011.
ANTHOLOGIE - DESPOESIA, préface et traduction par Jacques Donguy, Romainville, France, Éditions Al Dante, 2002.
NÃO, com o CDR Clip-Poemas (animações digitais), São Paulo, Perspectiva, 2003; 2ª edição, 2008.
POÈTEMOINS anthologie, préface et traductions par Jacques Donguy. Dijon, France, Les Presses du Réel, 2011.
PROFILOGRAMAS, São Paulo, Perspectiva, 2011.
CIDADECITYCITÉ, em versão poema-objeto por Ana Lúcia Ribeiro, São Paulo, Granada, 2014.
POETAMENOS, Buenos Aires, Gog y Magog, 2014.
OUTRO, São Paulo, Perspectiva, 2015.

HANGSZÓKÉPVERSEK (POEMAS VERBIVOCOVISUAIS), antologia poética, bilingue, em húngaro e português. Grande Prêmio de Poesia Janus Pannonius, Budapeste, 2017.

LENGUAVIAJE (LINGUAVIAGEM), antologia poética, bilingue, hispanoportuguesa. Prêmio Ibero-americano de Poesia Pablo Neruda, Chile, Santiago, 2017. Reeditado com acréscimos pela Universidad de los Andes, Colombia, Bogotá, Ediciones Uniandes, 2019.

OUTRO (AUTRE), nova antologia de poemas, aos cuidados de Jacques Donguy, publicada no n. 3 da revista *Celebrity Café*, dedicado ao poeta, Dijon, France, Les Presses du Réel, 2019.

POESIE, antologia de poemas, edição bilingue, alemão-português, tradução de Simone Homem de Melo. São Paulo, Demônio Negro, 2019.

ENSAIOS DIVERSOS

RE/VISÃO DE SOUSÂNDRADE (com Haroldo de Campos), São Paulo, Edições Invenção, 1964 2ª edição, ampliada, São Paulo, Nova Fronteira, 1982. 3ª edição, ampliada, São Paulo, Perspectiva, 2002.

TEORIA DA POESIA CONCRETA (com D. Pignatari e H. de Campos). São Paulo, Edições Invenção, 1965; 2ª edição, ampliada, São Paulo, Duas
Cidades, 1975; 3ª edição, Brasiliense, 1987, 4ª edição, Ateliê Editorial, 2006).

SOUSÂNDRADE - POESIA (com H. de Campos), Rio de Janeiro, Agir, 1966; 3ª edição, revista, 1995.

BALANÇO DA BOSSA (com Brasil Rocha Brito, Julio Medaglia, Gilberto Mendes), São Paulo, Perspectiva, 1968 (2ª edição, ampliada: BALANÇO DA BOSSA E OUTRAS BOSSAS, 1974).

GUIMARÃES ROSA EM TRÊS DIMENSÕES (com H. de Campos e Pedro Xisto), São Paulo, Comissão Estadual de Literatura, Secretaria da Cultura, 1970.

RE/VISÃO DE KILKERRY, São Paulo, Fundo Estadual de Cultura Secretaria da Cultura, 1971 (2ª edição, ampliada, São Paulo, Brasiliense, 1985).

REVISTAS REVISTAS: OS ANTROPÓFAGOS, introdução à reedição fac-similar da "Revista da Antropofagia", São Paulo, Abril/Metal Leve S.A., 1975.

REDUCHAMP, com iconogramas de Julio Plaza, São Paulo, Edições S.T.R.I.P., 1976. Segunda edição: Selo Demônio Negro/Annablume, 2010.

POESIA ANTIPOESIA ANTROPOFAGIA, São Paulo, Cortez e Moraes, 1978.

POESIA ANTIPOESIA ANTROPOFAGIA & CIA. Nova edição, revista e ampliada, São Paulo, Companhia das Letras, 2015.

PAGU: VIDA-OBRA, São Paulo, Brasiliense, 1982. Nova edição, revista e ampliada, São Paulo, Companhia das Letras, 2014.

À MARGEM DA MARGEM, São Paulo, Companhia das Letras, 1989.

O ENIGMA ERNANI ROSAS, Florianópolis, Editora UEPG (Universidade Estadual de Ponta Grossa), 1996

OS SERTÕES DOS CAMPOS (com Haroldo de Campos), Rio de Janeiro, Sette Letras, 1997.

MÚSICA DE INVENÇÃO, São Paulo, Perspectiva, 1998.

MÚSICA DE INVENÇÃO 2, São Paulo, Perspectiva, 2016.

TRADUÇÕES E ESTUDOS CRÍTICOS

DEZ POEMAS DE E.E. CUMMINGS, Rio de Janeiro, Serviço de Documentação-MEC, 1960.

CANTARES DE EZRA POUND (com D. Pignatari e H. de Campos),
Rio de Janeiro, Serviço de Documentação-MEC, 1960.

PANAROMA DO FINNEGANS WAKE (com H. de Campos), São Paulo, Comissão Estadual de Literatura, Secretaria da Cultura, 1962; 2ª edição, ampliada, São Paulo, Perspectiva,1971. 3ª edição, ampliada, São Paulo, Perspectiva, 2001.

POEMAS DE MAIAKÓVSKI (com H. de Campos e Boris Schnaiderman), Rio de Janeiro, Tempo Brasileiro, 1967; 2ª edição, ampliada, São Paulo, Perspectiva, 1982). Nova edição comemorativa, revista e ampliada, São Paulo, Perspectiva,2017.

POESIA RUSSA MODERNA (com H. de Campos e B. Schnaiderman), Rio de Janeiro, Civilização Brasileira, 1968; 2ª edição, ampliada, São Paulo, Brasiliense, 1985: 3ª edição, ampliada, Perspectiva, 2001.

TRADUZIR E TROVAR (com H. de Campos), São Paulo, Papyrus, 1968.

ANTOLOGIA POÉTICA DE EZRA POUND (com D. Pignatari, H. de Campos, J. L. Grünewald e Mário Faustino), Lisboa, Ulisséia, 1968.

ABC DA LITERATURA, de Ezra Pound (com José Paulo Paes), São Paulo, Cultrix, 1970.

MALLARMARGEM, Rio de Janeiro, Noa-Noa, 1971.

MALLARMÉ (com D. Pignatari e H. de Campos), São Paulo, Perspectiva, 1978.

O TYGRE, de William Blake, São Paulo, edição do autor, 1977.

JOHN DONNE, O DOM E A DANAÇÃO, Florianópolis, Noa-Noa, 1978.

VERSO REVERSO CONTROVERSO, São Paulo, Perspectiva, 1979. 2ª edição, 2009.

20 POEM(A)S – E.E. CUMMINGS, Florianópolis, Noa-Noa, 1979.

MAIS PROVENÇAIS: RAIMBAUT E ARNAUT, Florianópolis, Noa-Noa, 1982 (2ª edição, ampliada, São Paulo, Companhia das Letras, 1987).

EZRA POUND – POESIA (com D. Pignatari, H. de Campos. J. L. Grünewald e M. Faustino). Organização, introdução e notas de A. de Campos. São Paulo, Hucitec/Universidade de Brasília, 1983-1993 (3 edições).

PAUL VALÉRY: A SERPENTE E O PENSAR, São Paulo, Brasiliense, 1984. São Paulo, Editora Ficções, 2011.

JOHN KEATS: ODE A UM ROUXINOL E ODE SOBRE UMA URNA GREGA, Florianópolis, Noa-Noa, 1984.

JOHN CAGE: DE SEGUNDA A UM ANO, introdução e revisão da tradução de Rogério Duprat, São Paulo, Hucitec, 1985. Rio de Janeiro, Cobogó, 2014.

40 POEM(A)S – E.E. CUMMINGS, São Paulo, Brasiliense, 1986.

O ANTICRÍTICO, São Paulo, Companhia das Letras, 1986.

LINGUAVIAGEM, São Paulo, Companhia das Letras, 1987.

PORTA-RETRATOS: GERTRUDE STEIN, Florianópolis, Noa Noa, 1990.

HOPKINS: CRISTAL TERRÍVEL, Florianópolis, Noa Noa, 1991.

PRÉ-LUA E PÓS-LUA, São Paulo, Arte Pau Brasil, 1991.

RIMBAUD LIVRE, São Paulo, Perspectiva, 1992.

IRMÃOS GERMANOS, Florianópolis, Noa-Noa, 1993.

RILKE: POESIA-COISA, Rio de Janeiro, Imago, 1994.

HOPKINS: A BELEZA DIFÍCIL, São Paulo, Perspectiva, 1997.

MALLARMARGEM 2, Florianópolis, Noa-Noa, 1998.

POEM(A)S – E.E. CUMMINGS, Rio de Janeiro, Francisco Alves, 1999.

COISAS E ANJOS DE RILKE, São Paulo, Perspectiva. 2001, 2ª ed. ampliada: 2013.

INVENÇÃO – De Arnaut e Raimbaut a Dante e Cavalcanti, São Paulo, Editora Arx, 2003.

POESIA DA RECUSA – São Paulo, Perspectiva, 2006.

QUASE-BORGES + 10 TRANSPOEMAS, São Paulo, Memorial da América Latina, 2006.

EMILY DICKINSON – NÃO SOU NINGUÉM, São Paulo, Editora da Unicamp, 2008. Nova edião, revista e ampliada, São Paulo, Editora da Unicamp, 2015.
AUGUST STRAMM: POEMAS-ESTALACTITES, São Paulo, Perspectiva 2008.
BYRON E KEATS: ENTREVERSOS, São Paulo, Editora da Unicamp, 2009
POÉTICA DE OS SERTÕES, São Paulo, Casa Guilherme de Almeida, 2010
POEM(A)S: E. E. CUMMINGS (ed. revista e ampliada). São Paulo, Editora da Unicamp, 2011.
QUASE BORGES – 20 TRANSPOEMAS E UMA ENTREVISTA, São Paulo, Selo Musa Rara, Terracota Editora, 2013.
JAGUADARTE, de Lewis Carroll, São Paulo, Editora Nhambiquara, 2014.
RETRATO DE MAIAKÓVSKI QUANDO JOVEM – cinco poemas, bilingue,São Paulo/Belo Horizonte, Selo Demônio Negro, 2016.
RETRATO DE SYLVIA PLATH COMO ARTISTA – seis poemas, bilingue, Londrina, Galileu Edições, 2018.
MARIANE MOORE – 10 POEMAS, bilingue, Londrina, Galileu Edições, 2019.
RIMBAUD – EXTRADUÇÕES, bilingue, Londrina, Galileu Edições, 2019.
ESSES RUSSOS – EXTRADUÇÕES, bilingue, Londrina, Galileu Edições, 2019.
LATINOGRAMAS – EXTRADUÇÕES, bilingue, Londrina, Galileu Edições, 2019.

CRÉDITOS DAS ILUSTRAÇÕES

JOHN DONNE – retrato a óleo do poeta, de autor desconhecido, p. 38.
ARTE-FINAL PARA GREGÓRIO (1974) – Augusto de Campos, p. 86.
LIFE FLIES – *Hommage to Edward Fitzgerald* (1973) – Augusto de Campos, p. 96.
EMILY DICKINSON – fotografia da época, pp. 106 e 111.
EZRA STEIN – *profilograma* (1979) – Augusto de Campos [foto de Gertrude Stein, por George Platt Lynes (1941); foto de Ezra Pound, por Arnold Genthe (anos 40)]. Arte-final: Julio Plaza, pp. 174 e 175.
WCMD (1976) – *Homenagem a Duchamp* – Augusto de Campos e Julio Plaza, p. 192.
HOM'CAGE TO WEBERN – *profilograma* (1972) – Augusto de Campos, p. 212.

ESTA OBRA FOI COMPOSTA POR DESENHO GRÁFICO EM GARAMOND
E IMPRESSA EM OFSETE PELA GRÁFICA BARTIRA SOBRE PAPEL PÓLEN SOFT
DA SUZANO S.A. PARA A EDITORA SCHWARCZ EM JANEIRO DE 2020

A marca FSC® é a garantia de que a madeira utilizada na fabricação do papel deste livro provém de florestas que foram gerenciadas de maneira ambientalmente correta, socialmente justa e economicamente viável, além de outras fontes de origem controlada.